Lär dig koreanska
Ordförråd
SPRÅKARBETSBOK FÖR NYBÖRJARE

36 ämnen
1600+ ord och fraser
Italienska - Koreanska - Låter som på italienska för varje

POLYSCHOLAR

www.polyscholar.com

Contents

Inledning

Efter att jag släppte min första bästsäljande bok 2021, Learn Korean for Beginners, har det kommit många förfrågningar om en koreansk ordbok. Denna bok är ett svar på dessa förfrågningar. Jag hoppas att du kommer att tycka om den och att den är till hjälp. Om du inte har läst min första bok och vill köpa ett exemplar för att förbättra dina språkkunskaper, finns den att köpa överallt där böcker säljs online.

Denna bok innehåller 1650+ vanliga ord och fraser från alla delar av vardagslivet. Jag utgår från att du har grundläggande kunskaper i koreanska. Att lära dig dessa fraser och ord kommer att hjälpa dig att kommunicera på koreanska oavsett vad du sysslar med och göra resor till Sydkorea mer spännande eftersom du kan konversera på det lokala språket.

För varje ord eller fras inkluderar jag tre uppgifter. Ordet på engelska, koreanska och hur det koreanska ordet låter på engelska. Detta ger dig möjlighet att lära dig att läsa, skriva och uttala varje fras och ord.

Jag hoppas att denna bok kommer att vara till hjälp i dina studier av det koreanska språket.

Hur man använder denna bok:

Denna bok är utformad för att göra det enkelt för dig att läsa ordförrådet och fraserna.

Som du kan se i dessa exempel har jag svenska bredvid koreanskan. Under engelskan har jag hur detta koreanska ord låter på svenska för att hjälpa dig med din talträning. Jag rekommenderar att du har en anteckningsbok med dig för att öva på att skriva varje ord. Min förläggare har flera anteckningsböcker tillgängliga på sin webbplats. – www.polyscholar.com.

Hur är det på lektionen? Sueop-ŭn otteyo?	수업은 어때요?
bärbar dator Not'ŭbuk	노트북
Kan jag prova detta? Sa-jong-he bol su inn-a-cho?	사용해 볼 수 있나요?

Vanligt ord/fras

Åt du frukost?   아침 먹었어요?
Atchim mogåssåjo?

Åt du frukost?   아침 먹었어요?
Atchim mogåssåjo?

Åt du middag?   저녁 먹었어요?
Tjånjåk mogåssåjo?

Åt du lunch?   점심 먹었어요?
Tjåmshim mogåssåjo?

Har du sovit gott?   잘 주무셨나요?
Tjal tjumo-sjånnajo?

Har du---   너는 --- 가지고 있니
Nånen --- kadjigo inn-ni?

Gillar du Film?   영화 좋아하세요?
Jånghwa tjoaha-sejo?

Kommer du ihåg mig?   저 기억하세요?
Tjå giåkha-sejo?

Arbeta inte för hårt   너무 열심히 일하지 않기
Nåmu jålsimi ilhaji anki

God Morgon   좋은 아침
Tjå-ün atchim

Hej då   안녕히 가세요
Annjonghi kasejo

---

har länge velat ···   오래도록 원해왔다 ···
Ore-dorok wonhe-watta ...

---

har velat---   하고 싶어 했다---
Hago shipo hetta ...

Har du ätit en måltid? Shiksa hashjånnajo?	식사하셨나요?
Här är min e-postadress Jågi ne imeil tjuso-ga itsumnida.	여기 내 이메일 주소가 있습니다.
Här är mitt telefonnummer Jågi ne tjånhwa-bånå-ga itsumnida.	여기 내 전화번호가 있습니다.
Hur Åttåke	어떻게
Vad sägs om... Åttaejo...	어때요...
Hur mår du? Tjal tjine-sejo?	잘 지내세요?
Hur känner du dig? Åttåke nøkki-sejo?	어떻게 느끼세요?
Hur mår dina föräldrar? Bumonnimen åttåsejo?	부모님은 어떠세요?
Hur kommer det sig? Køgä åttåke duen gådjo?	그게 어떻게 된 거죠?
Hur mår du? Åttåke tjine-sejo?	어떻게 지내세요?
Hur har du haft det? Åttåke tjine-sjånnajo?	어떻게 지내셨나요?
Hur länge har det gått? Ål-mana duen-najo?	얼마나 됐나요?
Hur mycket? Ålmana-jo?	얼마나요?
Hur gammal är du? Mjött sari-ejo?	몇 살이에요?
Jag har redan ätit Bålsso mogåssåjo	벌써 먹었어요

Jag har inte--- An mogåssåjo	안 먹었어요---
Jag hade roligt idag Onul tjulgåwåssåjo	오늘 즐거웠어요
Jag har--- Mogåssåjo	먹었어요---
Jag har saknat dig Bågo shippåssåjo	보고 싶었어요
Jag gillar filmer Nan jånghwa-rul tjoahaejo	난 영화를 좋아해요
Jag ser fram emot att arbeta med dig Tangsin-gwa hamkke ilhagil kiddehaejo	당신과 함께 일하길 기대해요
Jag sov bra Tjal tjassåjo	잘 잤어요
Jag har tänkt mycket på dig Tangsin sänggag-øl mani hässåjo	당신 생각을 많이 했어요
Jag ringer dig Tjånhwa halggejo	전화할게요
Jag mejlar dig Imeil ponelggejo	이메일 보낼게요
Jag sms:ar dig Munja ponelggejo	문자 보낼게요
Jag är smickrad Yonggwang-iejo	영광이에요
Jag är för trött Nåmu pigonhejo	너무 피곤해요
Är det okej att--- Kwænchånnulkka...	괜찮을까---
Finns det--- Kwænchånnulkka...	괜찮을까---

Finns det inte--- Kwænchånnulkka...	괜찮을까---
Det har varit länge sedan Oræn shigani tjinatseumnida	오랜 시간이 지났습니다.
Det är en ära att träffa dig Manna bwepge dwae-yo yonggwang-imnida	만나 뵙게 되어 영광입니다.
Det är trevligt att träffa dig Mannaseo banggapseumnida	만나서 반갑습니다.
Det var roligt idag Onul tjulgåwåssseumnida	오늘 즐거웠습니다.
Jag har velat träffa dig Mannago shippåssåjo	만나고 싶었어요
Jag har velat träffa dig länge Oræt-dongan mannago shippåssseumnida	오랫동안 만나고 싶었습니다.
Jag har haft det bra Tjulgåun shigan-ul bonætssseumnida	즐거운 시간을 보냈습니다.
Får jag ta en öl till, tack? Mækju han jan dho jusillæjo?	맥주 한 잔 더 주실래요?
Vanliga ord/fraser Ilbanjågin tanå / mungu	일반적인 단어/문구
Mitt namn är--- Næ irum-un --- imnida	내 이름은---입니다.
Nej, det är det inte Anio, kørøchi anseumnida	아니요, 그렇지 않습니다.
Nej, jag vet inte Anio, moreugesseumnida	아니요, 모르겠습니다.
Inte alls Jeonhjø kørøchi anseumnida	전혀 그렇지 않습니다.
Snälla Chebal, chebal, chebal	제발, 제발, 제발

Vi ses senare Najung-e bwepgesseumnida	나중에 뵙겠습니다.
Så länge Daum-gwa gateun gyeong-u	다음과 같은 경우
Ta hand om dig Chasineul dolbosejo	자신을 돌보세요
Tack Dåkbunne	덕분에
Tack för att du kontaktade mig Munie hæ jusyåsså gamsahamnida	문의해 주셔서 감사합니다.
Tack vare dig Dåkbunne	덕분에
Det är inte logiskt Nonlidzjokiji anseumnida	논리적이지 않습니다.
Det är min ära Yonggwang-imnida	영광입니다.
Det finns--- Tjågi---	저기---.
Det finns inte Opsseumnida	없습니다.
Vi har äntligen träffats Dødjio mannatsseumnida	드디어 만났습니다.
Vi har aldrig träffats förut, eller hur? Uri mannån tjok opsjo?	우리 만난 적 없죠?
Vad Mwuot	무엇
Vad har du för intressen? Gwanshim bunyåneun mwuotingayo?	관심 분야는 무엇인가요?
Vad gillar du att göra? Otton ilul tjoaha-shinayo?	어떤 일을 좋아하시나요?

Vad gillar du att läsa?
Otton tjækul tjoaha-shinayo?

어떤 책을 좋아하시나요?

Vad vill du göra?
Mwuosul hago shipo-shin-gayo?

무엇을 하고 싶으신가요?

Vad är---
Mwoya---?

뭐야---?

Vad heter du?
Irumi mwuotingayo?

이름이 무엇인가요?

Vilken musik gillar du?
Otton ŭmgakul tjoaha-shinayo?

어떤 음악을 좋아하시나요?

Vad är klockan?
Tjigum mjött siingayo?

지금 몇 시인가요?

När
Ånje

언제

När ska vi åka?
Ånje gaja hanayo?

언제 가야 하나요?

Var
Ådi

어디

Var kommer du ifrån?
Ådi-eseo osjånnayo?

어디에서 오셨나요?

Var bor du?
Ådi-e gŏju-ha-shinayo?

어디에 거주하시나요?

Var är det?
Ådi-e innayo?

어디에 있나요?

Var är det?
Ådi-e innayo?

어디에 있나요?

Var är toaletten?
Hwajangshil-ŭn ådi-e innayo?

화장실은 어디에 있나요?

Var ska vi gå?
Ådi-ro gaja hanayo?

어디로 가야 하나요?

Var föddes du?
Ådi-sŏ tæornatsnayo?

어디서 태어났나요?

Vem
Nugu

누구.

Ja, det är det
e, kørøsseumnida

예, 그렇습니다.

Ja, jag vet
Je, algo itsseumnida

예, 알고 있습니다.

Du ser bekant ut
Nat-igun ölgul

낯익은 얼굴

Hushåll

가정   Kajong

väckarklocka Allam shigge	알람 시계
lägenhet Apato	아파트
vind Tarakbang	다락방
bakgård Dwit-madang	뒷마당
källare Tjihasil	지하실
badrum Yoksil	욕실
badkar Yokjo	욕조
säng Tjimdæ	침대
sovrum Tjimsil	침실
bokhylla Tjækjang	책장
tak Tjʌnjang	천장
stol Uija	의자
dator Kompyuto	컴퓨터

mugg Mogkeop	머그컵
skåp Tchanjang	찬장
skrivbord Tjæksang	책상
matrum Shikdang	식당
matbord Shikdang	식탁
diskmaskin Shikgi sechokki	식기세척기
dörr Mun	문
golv Padak	바닥
blomkruka Hwapun	화분
frys Nængdonggo	냉동고
stekpanna Pŭraipæn	프라이팬
möbler Kagu	가구
trädgård Tjongwon	정원
hus/hem Tjip / Kajong	집/가정
vattenkokare Chujŏnja	주전자

kök Chubang	주방
lampa Ræmpu	램프
glödlampa Tjonggu	전구
vardagsrum Kŏsil	거실
master bedroom Anbang	안방
medicinskåp Yakjang	약장
mikrovågsugn Tjongja-renji	전자레인지
spegel Kŏul	거울
ugn Obeun	오븐
målning Kŭrim	그림
bild Kŭrim	그림
kudde Kusjon	쿠션
växt Shikmul	식물
affisch Posteo	포스터
gryta Næmbi	냄비

radio Radio	라디오
kylskåp Nængjanggo	냉장고
tak Tjʌnjang	천장
rum Bang	방
matta Kapet	카펫
dusch Sjawo	샤워
handfat Shingkeu-dæ	싱크대
soffa Sop'a	소파
trappa Gjedan	계단
spis Sthobeu	스토브
bord T'eibul	테이블
Tv Tibi	티비
brödrost Tosteo-kki	토스터기
Toalett Hwajangshil	화장실
garderob Otsjang	옷장

tvättmaskin   세탁기
Setak-ki

fönster   창문
Changmun

Skolans ord och fraser

학교 단어와 문구   Hakgyo danowa mungu

Finns det några stipendier?
Tjanghakgeumi innayo?

장학금이 있나요?

---

calculus
Mijökpuln

미적분

Klassen är inställd
Sueopi chwiso-dwætsseumnida

수업이 취소되었습니다

Klassen har flyttat
Sueopi idong-haetsseumnida

수업이 이동했습니다

Klassen har börjat
Sueopi shijak-dwætsseumnida

수업이 시작되었습니다

Klassen är slut
Sueopi jongryo-dwætsseumnida

수업이 종료되었습니다

---

klassrummet
Kang-uisil

강의실

Gjorde du läxan
Sukje-rul hashjånnayo?

숙제를 하셨나요

Klarade du inte provet?
Siheom-e shilpae-hashjånnayo?

시험에 실패하셨나요?

Blev du godkänd på provet?
Siheom-e hapgyeok-haetsnayo?

시험에 합격했나요?

Gjorde du anteckningar?
Memo-rul haetsnayo?

메모를 했나요?

Gjorde du provet?
Siheom-rul bosjånnayo?

시험을 보셨나요?

Engelska
Yŏngŏ

영어

Historia Yŏksa	역사
Läxor Sukje	숙제
Hur är det på lektionen? Sueop-ŭn otteyo?	수업은 어때요?
Jag är student Nanun haksaeng-ida	나는 학생이다
Jag är också student Nado haksaeng-ida	나도 학생이다
Jag är förvirrad Honlanseureopda	혼란스럽다
Jag gjorde inte läxan Nanun sukje-rul haji anatta	나는 숙제를 하지 않았다
Jag gjorde läxan Nanun sukje-rul haetta	나는 숙제를 했다
Jag förstår inte Nanun ihaehaji motand	나는 이해하지 못한다.
Jag har en fråga Jilmun-i issayo	질문이 있어요
Jag bor i ett studenthem Gisuksa-e salgo issayo	기숙사에 살고 있어요
Jag kommer att ropa upp Tjånhwa halggeyo	전화할게요
Det är en svår fråga Ŏryeoun jilmun-ieyo	어려운 질문이에요
Låt oss börja Sijak-hapsida	시작합시다
matematik Suhak	수학

Får jag se dina anteckningar? Noteu jom bol su isseulkkayo?	노트 좀 볼 수 있을까요?
rektor Gyojang	교장
professor Gyosu	교수
skola Hakgyo	학교
vetenskap Gwahak	과학
student i.d. Haksaeng ID	학생 ID
Ta ut din bok tack Tjæk kkeonae-juseyo	책 꺼내주세요
lärare Sŏnsaengnim	선생님
test Siheom	시험
Slå upp sidan 37 Samship-chil peiji-ro nom-eogagi	37 페이지로 넘어가기
Vill du studera tillsammans Hamkke gongbu-halrae-yo?	함께 공부할래요?
Vad fick du på testet? Siheom-eseo mwuoseul maj-assnayo?	시험에서 무엇을 맞았나요?
Vad studerar du? Mwuoseul gongbu-hago innayo?	무엇을 공부하고 있나요?
Vad är din examen? Hakwi-neun mwuosingayo?	학위는 무엇인가요?
Vad är ditt huvudämne? Jeongong-eun mwuosingayo?	전공은 무엇인가요?

Vilken tid börjar lektionen? Sueop-eun mjött si-e sijakhanayo?	수업은 몇 시에 시작하나요?
Vilken tid är lunch? Jeomsim-eun mjött si-ingayo?	점심은 몇 시인가요?
Var tog du din examen? Ådi-reul choleobhaessnayo?	어디를 졸업했나요?
Var går du i skolan? Hakgyo-neun Ådi-ingayo?	학교는 어디인가요?
Var är cafeterian? Kapeteria-neun Ådi-e innayo?	카페테리아는 어디에 있나요?
Var är klassen? Kanguisil-eun Ådi-e innayo?	강의실은 어디에 있나요?
Var är klassrummet? Kanguisil-eun Ådi-e innayo?	강의실은 어디에 있나요?
Var är ditt student-ID? Haksaengjeung-eun Ådi-e innayo?	학생증은 어디에 있나요?

Länder

국가   Gukka

Brasilien Beurajil	브라질
Kanada Kænada	캐나다
Kina Jungguk	중국
Frankrike Peurangseu	프랑스
Tyskland Dogil	독일
Indien Indo	인도
Italien It'allia	이탈리아
Japan Ilbon	일본
Korea Hanguk	한국
Mexiko Meksiko	멕시코
Pakistan Pakistan	파키스탄
Portugal Porutugal	포르투갈
Ryssland Rŏsia	러시아

Spanien Seupein	스페인
Taiwan Daeman	대만
Förenade stater Miguk	미국
Storbritannien Yŏngguk	영국

Kläder

의류　　　　Uiryu

Bh
Beuraeji-ŏ
브래지어
_____

Klänning
Wŏnpisu
원피스
_____

flip-flop
Pŭllip-pŭllap
플립플랍
_____

hatt
Moja
모자
_____

jacka
Jaeket
재킷
_____

jeans
Chŏngbaji
청바지
_____

byxor
Baji
바지
_____

sandaler
Saendel
샌들
_____

scarf
Seuk'ap'ŭ
스카프
_____

skjorta
Sjŏtsŭ
셔츠
_____

skor
Shinbal
신발
_____

shorts
Banbaji
반바지
_____

kjol
Seuk'ŏt'ŭ
스커트
_____

byxor Baji	바지
strumpor Yangmal	양말
kostym Jŏngjang	정장
tröja Jŏmpŏ	점퍼
underkläder Sogot	속옷

Högtider

공휴일   Gonghyuil

Koreas nationalbefrielsedag Gwangbokjŏl	광복절
Tacksägelsedag Chusugamsajŏl	추수감사절
Den 1 mars självständighetsrörelsedag Sam-wŏl iril Tongnip Undong Ginyeomil	3 월 1 일 독립운동기념일
Alla hjärtans dag Ballent'ain Dei	발렌타인데이
Buddhas födelsedag Bucheonim Oshinnal	부처님오신날
Barnens dag Ŏrinin-al	어린이날
Chuseok Ch'usŏk	추석
Hangul-dagen Hangeul-nal	한글날
Koreansk nyår Hangug-ŭi Sŏlnal	한국의 설날
Nationens grundläggningsdag Gaecheon-jŏl	개천절
Nyår Sŏlnal	설날
Seotdal Geumeum Sŏtdal Geumeum	섣달그믐
Jul K'ŭrisŭmasŭ	크리스마스

Påsk Buhwaljŏl	부활절
Halloween Halloin	할로윈
Minnesdag Hyŏnchungil	현충일
Kristi himmelsfärdsdag Sŏngtanjŏl	성탄절
Alla helgons dag Sŏngmo Seungchŏnjŏl	성모승천절
Annandag påsk Buhwaljŏl	부활절
Pingstdagen Osunjŏl	오순절
Vapenstilleståndsdagen Jŏngjŏn Ginyeomil	정전 기념일
Arbetardagen Nodongjŏl	노동절
Bastiljdagen Bastiyu-ui Nal	바스티유의 날
Segerdagen i Europa Yurŏp Jŏnsŭng Ginyeomil	유럽 전승 기념일
Antagningsfesten Iphak-ui Nal	입학의 날

Elektronik

전자제품　Jŏnja-jepum

App
Aep

앱

Apple TV
Aep'ŭl Tibi

애플 TV

---

mobiltelefon
Hyudae-p'on

휴대폰

---

dator
K'ŏmpyut'ŏ

컴퓨터

Ladda ner
Daun-rodŭ

다운로드

Fire TV
P'aieo Tibi

파이어 TV

---

tangentbord
Kibodŭ

키보드

---

bärbar dator
Not'ŭbuk

노트북

---

skärm
Hwamyŏn

화면

---

mus
Ma-usu

마우스

---

radio
Radio

라디오

---

smarttelefon
Sŭmat'ŭp'on

스마트폰

---

smartklocka
Sŭmat'ŭwŏchi

스마트워치

---

surfplatta T'aebŭllit	태블릿
TV Tibi	티비
Trådlös Musŏn	무선

Transsport

운송   Unsong

flygplan Pihenggi	비행기
cykel Chajŏn-gŏ	자전거
båt Bot'ŭ	보트
bil Chadong-ch'a	자동차
jet Jet'ŭgi	제트기
motorcykel Ot'obai	오토바이
flygplan Pihenggi	비행기
roddbåt Chojŏng Bot'ŭ	조정 보트
skepp Sŏnbak	선박
stadsjeep Esuyubui	에스유브이
taxi T'aeksi	택시
släp T'ŭreillŏ	트레일러
lastbil T'ŭrŏk	트럭

Nummer

번호   Pon-ho

Ett Hana	하나	
Två Tul	둘	
Tre Set	셋	
Fyra Net	넷	
Fem Dasŏt	다섯	
Sex Yŏsŏt	여섯	
Sju Ilgop	일곱	
Åtta Yŏdŏlp	여덟	
Nio Ahop	아홉	
Tio Yŏl	열	
Elva Yŏl-hana	일곱	
Tolv Yŏl-tul	열두	
Tretton Yŏl-set	열세	

Fjorton Yŏl-net	열넷
Femton Yŏl-dasŏt	열다섯
Sexton Yŏl-yŏsŏt	열여섯
Sjutton Yŏl-ilgop	열일곱
Arton Yŏl-yŏdŏlp	열여덟
Nitton Yŏl-ahop	열아홉
Tjugo Sŭmul	스물
Tjugo Ett Sŭmul-hana	스물 한
Trettio Sŏrŭn	서른
Fyrtio Mahŭn	마흔
Femtio Swīn	오십
Sextio Yesun	육십
Sjuttio Ilhŭn	칠십
Åttio Yŏdŭn	여든
Nittio Ahŭn	아흔

Ett Hundra Bäck	백
Ett Tusen Tjön	천 만
Tio Tusen Mann	만
Ett Hundra Tusen Ship-mann	십만
Ett Miljon Bäck-mann	백만

Familj

가족　　　　Kad-jok

bebis A-gi	아기
pojkvän Nam-dja-tjin-gu	남자친구
bror Hjong-dje	형제
barn Tja-njå	자녀
barn Å-rin-i	어린이
kusin Sa-tjån	사촌
pappa A-bå-dji	아버지
dotter Ttal	딸
Har du några familjetraditioner? Kad-jok tjön-tong-i inn-a-jo?	가족 전통이 있나요?
familj Kad-jok	가족
far A-bå-dji	아버지
flickvän Jå-dja-tjin-gu	여자친구
morfar Hal-a-bå-dji	할아버지

Farfar Hal-a-bå-dji	할아버지
mormor Hal-må-ni	할머니
farmor Hal-må-ni	할머니
farföräldrar Tjo-bu-må-nim	조부모님
make Nam-pjön	남편
Jag är ett ensamt barn Nah-neun weh-dong-ah-ee-yeh-yo	나는 외동딸
Jag är i mitten Na-neun jung-gan	나는 중간
Jag är den äldsta Na-neun Mad-i	나는 맏이
Jag är den yngsta Na-neun Mak-ne	나는 막내
Jag har en stor familj Na-neun De-kad-jok	나는 대가족
Jag har en liten familj Na-neun Så-kad-jok	나는 소가족
Jag har fyra syskon Na-neun sa-nam-me	나는 4 남매
Jag blev adopterad Na-neun ib-jang-doe-ot-da	나는 입양되었다
gift Kjol-hon	결혼
mamma Åm-ma	엄마

mor Å-må-ni	어머니
Min pappa gifte om sig A-bå-dji tjä-hon	아버지 재혼
Min mamma gifte om sig Å-må-ni tjä-hon	어머니 재혼
Mina föräldrar är skilda Bu-må-nim i-hon	부모님 이혼
Mitt syskon blev adopterat Hjong-dje ib-jang	형제 입양
föräldrar Bu-må-nim	부모님
syster Tja-me	자매
son A-döl	아들
make/maka Pe-u-dja	배우자
Det finns ingen plats som hemma Djip-man-köm tjo-ön go-sön åps-süm-ni-da	집만큼 좋은 곳은 없습니다
Det här är mina föräldrar I-boon-dul-ŭn che bu-mo-nim i-e-yo	이분들은 부모님
Det här är min familj i-bun-deul-eun u-ri ga-jok	이분들은 우리 가족
Det här är min äldre bror I-bun-döl-ön o-ppa	이분들은 오빠
Det här är min äldre syster I-bun-döl-ön ån-ni	이분들은 언니

Det här är min yngre bror I-bun-döl-ön nam-dong-säng	이분들은 남동생
Det här är min yngre syster Tje jå-dong-säng-im-ni-da	제 여동생입니다.
Vi ser inte lika ut U-ri-nun tarm-dji a-na-sså-jo	우리는 닮지 않았어요
Vi bråkar mycket U-ri-nun ma-ni ssa-wo-jo	우리는 많이 싸워요
Vi gillar olika saker U-ri-nun ta-rön gå-söl tjo-a-he-jo	우리는 다른 것을 좋아해요
Vi ser lika ut U-ri-nun tarm-a-sså-jo	우리는 닮았어요
Vad är åldersskillnaden? Na-i tja-i-nön ål-ma-na doe-na-jo?	나이 차이는 얼마나 되나요?
fru A-ne	아내
Du ser ut som din pappa A-ppa tarm-a-ssne	아빠 닮았네
Du ser ut som din mamma Åm-ma tarm-a-ssne	엄마 닮았네
yngre bror Nam-dong-säng	남동생
yngre syster Jå-dong-säng	여동생
Din familj ser lycklig ut Kad-jok heng-bok-he bo-i-ne	가족 행복해 보이네
Du ser ut som din mamma Åm-ma tarm-a-ssne	엄마 닮았네
Din familj ser lycklig ut Kad-jok heng-bok-he bo-i-ne	가족 행복해 보이네

Shoppande

쇼핑　　　　tjåpping

Lägg i varukorgen
Tjang-baguni-e dam-ki

장바구니에 담기

Kan jag byta detta?
Kjo-hwan-hal su inn-a-jo?

교환할 수 있나요?

Kan jag få rabatt?
Hal-in-ŭl bad-ŭl su inn-a-jo?

할인을 받을 수 있나요?

Kan jag betala med kreditkort?
Sin-jong-kade-ro kjöl-tje-hal su inn-a-jo?

신용카드로 결제할 수 있나요?

Kan jag betala med kontanter?
Hjön-gum-ŭ-ro kjöl-tje-hal su inn-a-jo?

현금으로 결제할 수 있나요?

Kan jag lägga detta på avbetalning?

이 제품을 대여해도 되나요?

I djä-pum-ŭl dæ-jo-he-do twen-a-jo?

Kan jag returnera detta?
Ban-pum-hal su inn-a-jo?

반품할 수 있나요?

Kan jag prova detta?
Sa-jong-he bol su inn-a-cho?

사용해 볼 수 있나요?

---

kontanter
Hjön-gum

현금

Kassa
Kjöl-tje

결제

---

kreditkort
Sin-jong-kade

신용 카드

Har ni det i lager?
Djæ-go-ga inn-a-jo?

재고가 있나요?

Har ni detta i en annan färg?
Da-rŭn sek-sang-do inn-a-jo?

다른 색상도 있나요?

Har ni detta i röd?
Ppal-gan-sek-i inn-a-jo?

빨간색이 있나요?

Få det på rea
Pan-me djung

판매 중

Hur sent har ni öppet?
Öl-ma-na nöt-ge-kka-dji yong-öb-ha-na-jo?

얼마나 늦게까지 영업하나요?

Hur mycket kostar det?
Ka-gyok-ŭn öl-ma-ing-ayo?

가격은 얼마인가요?

Hur vill du betala?
Ŏt-to-ke kjöl-tje-ha-shi-get-sŭm-ni-kka?

어떻게 결제하시겠습니까?

Är det på rea?
Se-il djung-in-ga-jo?

세일 중인가요?

Är detta tillgängligt i en annan butik?

다른 매장에서 구매할 수 있나요?

Da-rŭn me-djäng-eso gu-me-hal su inn-a-jo?

Det passar inte
An mat-sŭm-ni-da

안 맞습니다

Det passar
jåk-hap

적합

Det är för stort
naw-mu køm-ni-da

너무 큽니다

Det är för litet
naw-mu jak-søm-ni-da

너무 작습니다

---

avbetalning
hal-bu

할부

Kan jag hjälpa dig?
mu-å-søl to-a-dø-ril-gga-jo

무엇을 도와드릴까요?

Slut i lager
pum-jål-im-ni-da

품절입니다

Vänligen ge mig kvittot jåång-su-djung-öl ju-se-jo	영수증을 주세요
Vänligen lägg kvittot i påsen jåång-su-djung-öl ju-se-jo	영수증을 가방에 넣어주세요
Ring upp dem separat, tack byål-do-ro jønh-wa ju-se-jo kam-sa-ham-ni-da	별도로 전화주세요 감사합니다.
Detta är trasigt ko-djang-nat-søm-ni-da	고장났습니다.
Vad letar du efter? mu-å-søl cha-ju-si-na-jo	무엇을 찾으시나요?
Vad har ni för öppettider? jåång-åp-si-kan-i åt-to-ke dø-na-jo	영업시간이 어떻게 되나요?
Vad kostar det? bi-yåång-øn ål-ma-in-ga-jo	비용은 얼마인가요?
Vad är din storlek? sa-i-jø-nøn åt-to-ke dø-na-jo	사이즈는 어떻게 되나요?
När öppnar ni? ån-je å-pun-ha-na-jo	언제 오픈하나요?

Färger

색상   Sæk-sang

Beige
Bæ-i-ji   베이지

---

svart
Blæk   블랙

Svart
Blæk   블랙

---

blå
Blu   블루

Brons
Bronz   브론즈

---

brun
Braun   브라운

Krita
Bun-pil   분필

Färg
Sæk   색

Färgpennor
Sæk-yon-pil   색연필

---

färgning
Sæk-tjil-ha-gi   색칠하기

Färger
Sæk-sang   색상

---

krita
Kre-jong   크레용

---

mörk---
Da-keu---   다크---

---

mörkblå Da-keu Blu	다크 블루
Guld Gold	골드
Grå G-rei	그레이
grön Grin	그린
Jade Ok	옥
ljus--- Lait---	라이트---
ljusblå Ha-neul-sæk	하늘색
Markörer Ma-ko	마커
Orange Ju-hwang-sæk	주황색
Färg Pe-int	페인트
Persika Pi-ch	피치
penna Pen	펜
blyertspenna Yon-pil	연필
rosa Ping-ku	핑크
lila Peo-peul	퍼플

Regnbåge Rein-bou	레인보우
röd Red	레드
nyanser She-id	쉐이드
Silver Sil-ber	실버
tan Hwang-gal-sæk	황갈색
Turkos Chong-rok-sæk	청록색
vit Hwai-te	화이트
Gul Yel-lo	옐로우

Restaurang

레스토랑   Re-su-to-rang

bar
Ba

계산서 좀 주세요

Kan jag få notan, tack
Gye-san-sŏ chom ju-se-yo

Har ni en reservation?
Je-yak-ha-syŏt-na-yo?

예약하셨나요?

dryck
Eum-ryo

음료

mat
Eum-sik

음식

Ge mig mer tid att titta, tack
Jom do bol si-gan-eul ju-se-yo

좀 더 볼 시간을 주세요

Har du provat detta?
I-go meo-gŏ-bo-syŏ-yo?

이거 먹어보셨어요?

Jag åt för mycket
No-mu ma-ni meo-gŏ-syŏ-yo

너무 많이 먹었어요

Jag skulle vilja ha en hundpåse, tack

도그백 주세요

Do-geu-bæg ju-se-yo

Är detta kryddigt?
Mae-un-ga-yo?

매운가요?

Är det här bordet okej?
I te-i-beul gwaen-chan-na-yo?

이 테이블 괜찮나요?

Kan jag få ätpinnar, tack?
Jeot-ga-rak ju-si-gyŏ-syŏ-yo?

젓가락 주시겠어요?

Kan jag få en gaffel, tack?
Po-keu ju-si-gyŏ-syŏ-yo?

포크 주시겠어요?

Kan jag få ett glas vatten, tack?
Mul han jan ju-si-gyŏ-syŏ-yo?

물 한 잔 주시겠어요?

Kan jag få se vinlistan, tack?
Wa-in li-seu-teu jom bol su i-sseul-kka-yo?

와인 리스트 좀 볼 수 있을까요?

Kan jag ta din beställning?
Ju-mun ba-da-do doel-kka-yo?

주문 받아도 될까요?

Vänligen ge mig räkningen
Gye-san-sŏ ju-se-yo

계산서 주세요

bord
Te-i-beul

테이블

Maten är kall
eum-sik-i cha-ga-wo-yo

음식이 차가워요

Detta är inte vad jag beställde
i-geon je-ga ju-mun-han ge a-ni-e-yo

이건 제가 주문한 게 아니에요

Vilken öl har ni?
eo-tteon maek-ju-ga inn-na-yo?

어떤 맥주가 있나요?

Vad är i denna rätt?
i yo-ri-e mwo-ga deu-reo-ga inn-na-yo?

이 요리에 뭐가 들어가 있나요?

Vilken läsk har ni?
eo-tteon tan-san-eum-nyo-ga inn-na-yo?

어떤 탄산음료가 있나요?

Varför tar det så lång tid?
wae i-reo-ke o-rae geol-li-na-yo?

왜 이렇게 오래 걸리나요?

Vill du sitta vid baren?
ba-e an-kko sip-eu-se-yo?

바에 앉고 싶으세요?

På flygplatsen

공항에서   Gong-hang-e-seo

Är platserna förhandsbokade?
Jwa-sek-i sa-jeon je-yak-doe-eo it-na-yo?

좌석이 사전 예약되어 있나요?

Finns det några begränsade föremål?
Je-han-doen mul-pum-i it-na-yo?

제한된 물품이 있나요?

Kan jag byta plats?
Ja-ri-reul ba-gul su it-na-yo?

자리를 바꿀 수 있나요?

Måste jag ta av mig min hatt?
Mo-ja-reul beo-seo-ya ha-na-yo?

모자를 벗어야 하나요?

Måste jag ta av mig mina skor?
Sin-bal-eul beo-seo-ya ha-na-yo?

신발을 벗어야 하나요?

Måste jag ta ut min laptop?
No-teu-buk-eul kkeo-nae-ya ha-na-yo?

노트북을 꺼내야 하나요?

Har du ett boardingkort?
Tap-seung-kwon-i it-na-yo?

탑승권이 있나요?

Har du en mittplats tillgänglig?
Jung-gan jwa-sek-i it-na-yo?

중간 좌석이 있나요?

Har du ett visum?
Bi-ja-ga it-na-yo?

비자가 있나요?

Har du en fönsterplats tillgänglig?
Chang-ga jwa-sek-i it-na-yo?

창가 좌석이 있나요?

Har du en gångplats tillgänglig?
Tong-ro jwa-sek-i it-na-yo?

통로 좌석이 있나요?

Har du checkat in?
Che-keu-in haet-na-yo?

체크인 했나요?

Här är mitt reservationsnummer
Yeogi je je-yak beon-ho-im-ni-da

여기 제 예약 번호입니다

Hur mycket är det över?
Eol-ma nam-ass-na-yo?

얼마 남았나요?

Jag kommer att missa mitt flyg
Bi-haeng-gi-reul no-chil geot gat-a-yo

비행기를 놓칠 것 같아요

Jag är i första klass
Jeo-neun il-dung-seok-i-e-yo

저는 일등석이에요

Jag har en reservation
Je-yak-i i-sso-yo

예약이 있어요

Jag glömde mitt pass hemma
Jib-e yeo-gwon-eul du-go wa-sso-yo

집에 여권을 두고 왔어요

Jag har tappat min väska
Ga-bang-eul il-uh-buh-ryuh-sso-yo

가방을 잃어버렸어요

Jag har tappat mitt bagage
Su-ha-mul-eul il-uh-buh-ryuh-sso-yo

수하물을 잃어버렸어요

Jag behöver checka in
Che-keu-in-hae-ya hae-yo

체크인해야 해요

Jag kommer att ta med det ombord
Gi-nae-e ga-juh-gal geo-ye-yo

기내에 가져갈 거예요

Jag kommer att betala överviktavgiften
Cho-gwa su-ha-mul yo-gum-eul ji-bul-hal geo-ye-yo

초과 수하물 요금을 지불할 거예요

Jag kommer att ta ut lite saker
Myut ga-ji mul-gun-eul kku-nael geo-ye-yo

몇 가지 물건을 꺼낼 거예요

Jag skulle vilja köpa reseförsäkring
Yeo-haeng bo-heum-eul sa-go si-peo-yo

여행 보험을 사고 싶어요

Jag skulle vilja checka in, tack
Che-keu-in-ha-go si-peo-yo, gam-sa-ham-ni-da

체크인하고 싶어요, 감사합니다

Jag skulle vilja växla pengar
Hwan-jun-ha-go si-peo-yo

환전하고 싶어요

Är planet i tid?
Bi-haeng-gi-ga je-si-gan-e chul-bal-ha-na-yo?

비행기가 제시간에 출발하나요?

Är det en avgift för överviktigt bagage?
Cho-gwa su-ha-mul-e dae-han yo-gum-i i-sso-yo?

초과 수하물에 대한 요금이 있나요?

Är detta en enkelbiljett?
I-geos-eun pyeon-do ti-ket-in-ga-yo?

이것은 편도 티켓인가요?

Är detta en tur-och-retur biljett?
I-geos-eun wang-bok ti-ket-in-ga-yo?

이것은 왕복 티켓인가요?

Är detta kön?
I-got-i jul-in-ga-yo?

이곳이 줄인가요?

Det är en direktflygning
Jik-hang bi-haeng-im-ni-da

직항 비행입니다

Min väska har blivit skadad
Je ga-bang-i son-sang-doe-eoss-seum-ni-da

제 가방이 손상되었습니다

Mina väskor har inte anlänt
Je ga-bang-i do-chak-ha-ji an-ass-seum-ni-da

제 가방이 도착하지 않았습니다

Vänligen bekräfta min reservation
Je ye-yak-eul hwa-gin-hae ju-se-yo

제 예약을 확인해 주세요

Visa mig ditt boardingkort, tack
Tap-seung-kwon-eul bo-yeo-ju-se-yo, gam-sa-ham-ni-da

탑승권을 보여주세요, 감사합니다

Visa mig ditt pass, tack
Yeo-gwon-eul bo-yeo-ju-se-yo, gam-sa-ham-ni-da

여권을 보여주세요, 감사합니다

Flyget är fullt
Bi-haeng-gi-ga man-seok-im-ni-da

비행기가 만석입니다

Var planet försenat?
Bi-haeng-gi-ga ji-yeon-doe-eoss-na-yo?

비행기가 지연되었나요?

Vi kommer snart att börja ombordstigning
Got tap-seung-eul si-jak-hal geo-im-ni-da

곧 탑승을 시작할 것입니다

Vad är växelkursen?
Hwan-yul-i eol-ma-in-ga-yo?

환율이 얼마인가요?

Vad är gate-numret?
Ge-i-te beon-no-ga mwo-ye-yo?

게이트 번호가 뭐예요?

Vad tid börjar ombordstigningen?
Tap-seung-eun myut si-e si-jak-ha-na-yo?

탑승은 몇 시에 시작하나요?

Vad tid anländer ditt flyg?
Dang-sin-ui bi-haeng-gi-neun myut si-e do-chak-ha-na-yo?

당신의 비행기는 몇 시에 도착하나요?

Vad tid avgår ditt flyg?
Dang-sin-ui bi-haeng-gi-neun myut si-e chul-bal-ha-na-yo?

당신의 비행기는 몇 시에 출발하나요?

När går första klass ombord på planet?
Il-dung-seok-eun myut si-e tap-seung-ha-na-yo?

일등석은 몇 시에 탑승하나요?

Var är vagnarna?
Su-re-neun eo-di-e i-sso-yo?

수레는 어디에 있나요?

Var är toaletter?
Hwa-jang-sil-eun eo-di-e i-sso-yo?

화장실은 어디에 있나요?

Var får jag mitt bagage?
Su-ha-mul-eun eo-di-seo chat-na-yo?

수하물은 어디서 찾나요?

Var är bagageupphämtning?
Su-ha-mul chat-neun got-eun eo-di-in-ga-yo?

수하물 찾는 곳은 어디인가요?

Var är min gate?
Je ge-i-te-neun eo-di-in-ga-yo?

제 게이트는 어디인가요?

Var är min plats?
Je jwa-sek-eun eo-di-in-ga-yo?

제 좌석은 어디인가요?

Var är incheckningsdisken?
Che-keu-in ka-un-teo-neun eo-di-in-ga-yo?

체크인 카운터는 어디인가요?

Var är taxfree-butiken?
Myeon-se-jeom-eun eo-di-in-ga-yo?

면세점은 어디인가요?

Vilket flygbolag är det?
Eo-tteon hang-gong-sa-in-ga-yo?

어떤 항공사인가요?

Vill du checka in dina väskor?
Jim-eul che-keu-in-ha-si-gess-seum-ni-kka?

짐을 체크인하시겠습니까?

Ditt bagage överskrider viktgränsen

귀하의 수하물이 중량 제한을 초과했습니다
Gwi-ha-ui su-ha-mul-i jung-ryang je-han-eul cho-gwa-haess-seum-ni-da

Ditt anslutande flyg har blivit inställt   귀하의 연결 비행편이 취소되었습니다
Gwi-ha-ui yeon-gyeol bi-haeng-pyeon-i chwi-so-doe-eoss-seum-ni-da

På planet

비행기에서   Bihaenggi-eh-seo

Kan jag gå till toaletten?
Hwasjangsil-eh ga-do deål-kå-yo?

화장실에 가도 될까요?

Kan jag flytta till en annan plats?
Då-reun jå-ri-ro om-gjöö-do deål-kå-yo?

다른 자리로 옮겨도 될까요?

Har ni en sovskugga?
Damnjo-ga it-na-yo?

담요가 있나요?

Jag blir åksjuk
Jå-neun mol-mi-ga na-yo

저는 멀미가 나요

Jag kommer att kräkas
Gu-to-hal göt gat-a-yo

구토할 것 같아요

Det är en nödsituation
Ging-geup sang-hwang-im-ni-da

긴급 상황입니다

Får jag se menyn?
Menyu-reul bol su issul-kå-yo?

메뉴를 볼 수 있을까요?

Min handbagage är tung
Jæ hæn-deu-bæg-i mu-gå-wo-yo

제 핸드백이 무거워요

Vänligen spänn fast ditt säkerhetsbälte
An-jeon-bel-teu-reul mæ-ju-se-yo

안전벨트를 매주세요

Vänligen fyll i ankomstkortet
Ip-guk ka-deu-reul jaks-song-hæ ju-se-yo

입국 카드를 작성해 주세요

Vänligen fyll i tullkortet
Se-gwan ka-deu-reul jaks-song-hæ ju-se-yo

세관 카드를 작성해 주세요

Vänligen följ flygvärdens instruktioner
Sæng-mu-won-ui ji-si-reul tta-ra ju-se-yo

승무원의 지시를 따라 주세요

Vänligen ge mig en filt
Damnjo-reul ju-se-yo

담요를 주세요

Vänligen hjälp mig att hitta min plats Jæ jå-ri-reul tjat-neun de do-wa-ju-se-yo	제 자리를 찾는 데 도와주세요
Vänligen lägg undan din mobiltelefon Hyudæ-jön-hwa-reul tjjå-wo ju-se-yo	휴대전화를 치워 주세요
Vänligen fäll upp brickan Tre-i-reul ol-ljå ju-se-yo	트레이를 올려 주세요
Vänligen fäll upp din stol Ui-ja-reul tjøt-hjæ ju-se-yo	의자를 젖혀 주세요
Vänligen återvänd till din plats Jæ-jå-ri-ro dol-a-ga ju-se-yo	제자리로 돌아가 주세요
Armstödet är trasigt Pal-gol-i-ga go-jång-nåt-sjö-yo	팔걸이가 고장났어요
Stolen är trasig Ui-ja-ga go-jång-nåt-sjö-yo	의자가 고장났어요
Ljuset fungerar inte Bul-i jak-dong-ha-ji an-a-yo	불이 작동하지 않아요
Videon fungerar inte Bi-di-o-ga jak-dong-ha-ji an-a-yo	비디오가 작동하지 않아요
Detta är min plats I jå-ri-neun jæ jå-ri-im-ni-da	이 자리는 제 자리입니다
Vi upplever turbulens Turbulence-ga bal-saeng-ha-go issum-ni-da	turbulence 가 발생하고 있습니다
Vad är den lokala tiden? Hjön-ji si-gan-i myut si-in-ga-yo?	현지 시간이 몇 시인가요?
Vad är din slutdestination? Dång-sin-ui tjö-jong mok-jok-ji-neun å-di-in-ga-yo?	당신의 최종 목적지는 어디인가요?
När serveras måltiderna? Sik-sa-neun ån-je je-gong-doe-na-yo?	식사는 언제 제공되나요?
När anländer vi? U-ri-neun ån-je do-chak-ha-na-yo?	우리는 언제 도착하나요?

När lyfter vi?
U-ri-neun ån-je i-ryuk-ha-na-yo?

우리는 언제 이륙하나요?

Vill du ha kyckling eller nötkött?
Tji-kin-gwa so-go-gi tjung åt-teon geos-eul won-ha-si-na-yo?

치킨과 소고기 중 어떤 것을 원하시나요?

Skulle du kunna kontrollera ditt sittnummer?

좌석 번호를 확인해 주실 수 있나요?

Jwa-seok beon-ho-reul hwa-gin-hæ ju-sil su it-na-yo?

Invandring

이민　　　　I-min

Är du permanent bosatt? Dång-sin-oon yong-gu gå-ju-ja-ip-ni-kka?	당신은 영구 거주자입니까?
Kan en advokat följa med mig? Byon-ho-sa-ga jå-wa ham-kke gal su ip-ni-kka?	변호사가 저와 함께 갈 수 있습니까?
Har du en tolk? Tong-yeok-sa-ga it-ni-kka?	통역사가 있습니까?
Har du några förbjudna föremål? Geum-ji-doen mul-pum-i it-ni-kka?	금지된 물품이 있습니까?
Har du något som överskrider tullgränsen? Se-gwan han-do-reul cho-gwa-ha-neun mul-pum-i it-ni-kka?	세관 한도를 초과하는 물품이 있습니까?
Ha en trevlig resa Jeul-geo-woon yå-hæng de-se-yo	즐거운 여행 되세요
Hur lång tid kommer det att ta? Eol-ma-na gål-lil-kå-yo?	얼마나 걸릴까요?
Hur länge kommer du att stanna? Eol-ma-na å-re mår-mu-reul geon-ga-yo?	얼마나 오래 머무를 건가요?
Hur mycket kostar det? Bi-yong-eun eol-ma-ip-ni-kka?	비용은 얼마입니까?
Jag är student Jæ-neun hak-saeng-im-ni-da	저는 학생입니다
Jag är här för att turista Gwan-tång-ha-rå wå-seom-ni-da	관광하러 왔습니다
Jag skulle vilja ansöka om medborgarskap Si-min-gwon-eul sin-cheong-ha-go si-peo-yo	시민권을 신청하고 싶습니다
Jag skulle vilja förnya mitt visum Bi-ja-reul gaeng-sin-ha-go si-peo-yo	비자를 갱신하고 싶습니다
Är dubbel medborgarskap tillåtet? I-jung guk-jok-i hœ-yong-dæm-ni-kka?	이중 국적이 허용됩니까?

Det har blivit godkänt
Seung-in-doe-eoss-seum-ni-da

승인되었습니다

Det har blivit nekat
Gø-bu-doe-eoss-seum-ni-da

거부되었습니다

Det är okej för dig att åka
Dång-sin-i chul-bal-ha-do kår-chån-seum-ni-da

당신이 출발해도 괜찮습니다

Det är inte din tur än
Ajik dång-sin tjå-re-ga an-ip-ni-da

아직 당신 차례가 아닙니다

Mitt visum har gått ut
Jæ bi-ja-ga man-lyo-doe-eoss-seum-ni-da

제 비자가 만료되었습니다

Hämta dem när du går
Gal tte geu-deul-eul de-ri-rø gå-se-yo

갈 때 그들을 데리러 가세요

Vänligen kom tillbaka imorgon
Næ-il da-si wa ju-si-gi bar-ab-ni-da

내일 다시 와 주시기 바랍니다

Vänligen fyll i ansökan
Sin-cheong-seo-reul jak-seong-hae ju-si-gi bar-ab-ni-da

신청서를 작성해 주시기 바랍니다

Vänligen gå till sekundär screeningsrum
I-cha sim-sa-sil-lo ga-ju-si-gi bar-ab-ni-da

2차 심사실로 가주시기 바랍니다

Vänligen lämna dina tillhörigheter här
Ye-gi-e so-ji-pum-eul du-se-yo

여기에 소지품을 두세요

Bitte warten Sie auf Ihrem Platz
Ja-ri-e an-ja gi-da-ryeo ju-sip-si-o

자리에 앉아 기다려 주십시오.

Den ansvariga personen är inte här
Dam-dang-ja-ga ye-gi eobs-seum-ni-da

담당자가 여기 없습니다

Detta är ett brev från min garant
I-geos-eun jæ bo-jeung-in-bu-teo on pyeon-ji-im-ni-da

이것은 제 보증인으로부터 온 편지입니다

Vilka dokument krävs?
Eo-tteon seo-ryu-ga pil-yo-ham-ni-kka?

어떤 서류가 필요합니까?

Vilket land kommer du ifrån?
Eo-neu nara-e-seo o-syeoss-seum-ni-kka?

어느 나라에서 오셨습니까?

Vad är processen för medborgarskap? 시민권 절차는 무엇입니까?
Si-min-gwon jeol-cha-neun mu-eot-ip-ni-kka?

Vad är syftet med ditt besök i Korea? 한국 방문의 목적은 무엇입니까?
Han-guk bang-mun-ui mok-jeok-eun mu-eot-ip-ni-kka?

Vad är anledningen till ditt besök? 방문의 이유는 무엇입니까?
Bang-mun-ui i-yu-neun mu-eot-ip-ni-kka?

Vilken typ av visum har du? 어떤 종류의 비자를 가지고 있습니까?
Eo-tteon jong-ryu-ui bi-ja-reul ga-ji-go it-ni-kka?

Vilket arbete gör du i Korea? 한국에서 어떤 일을 하십니까?
Han-guk-e-seo eo-tteon il-eul ha-shim-ni-kka?

Var arbetar du? 어디에서 일하십니까?
Eo-di-e-seo il-ha-shim-ni-kka?

Du saknar några dokument 서류가 몇 개 부족합니다
Seo-ryu-ga myut gae bu-jok-ham-ni-da

Du kan också skicka in det online 온라인으로 제출할 수도 있습니다
On-lain-eu-ro je-bul-hal su-do iss-seum-ni-da

Du behöver ett foto 사진이 필요합니다
Sa-jin-i pil-yo-ham-ni-da

Du behöver göra en intervju 면접을 받아야 합니다
Myeon-jëb-eul ba-da-ya ham-ni-da

Du behöver gå igenom scannern 스캐너를 통과해야 합니다
Skae-ne-reul tong-gwa-ha-ya ham-ni-da

Du behöver få det notariserat 공증을 받아야 합니다
Gong-jeung-eul ba-da-ya ham-ni-da

Din ansökan har gått igenom 신청서가 통과되었습니다
Sin-cheong-seo-ga tong-gwa-doe-eoss-seum-ni-da

Din ansökan har inte gått igenom 신청서가 통과되지 않았습니다
Sin-cheong-seo-ga tong-gwa-doe-ji an-ass-seum-ni-da

Dina dokument har behandlats 서류가 처리되었습니다
Seo-ryu-ga cho-ri-doe-eoss-seum-ni-da

Ditt pass har gått ut Yeo-gwon-i man-lyo-doe-eoss-seum-ni-da	여권이 만료되었습니다
Ditt visum har gått ut Bi-ja-ga man-lyo-doe-eoss-seum-ni-da	비자가 만료되었습니다

Taxi

택시   Tæksi

Tar ni kontanter? Hjön-geum-i it-na-yo?	현금이 있나요?
Släpp av mig här Yå-gi-så ne-ryo-ju-se-yo	여기서 내려주세요
Här är destinationen Yå-gi-ga mok-jeok-ji-im-ni-da	여기가 목적지입니다
Hur mycket kostar det till flygplatsen? Gong-hang-kkå-ji eol-ma-in-ga-yo?	공항까지 얼마인가요?
Jag har inte kontanter Hjön-geum-i ob-sso-yo	현금이 없어요
Jag har lite bagage att lägga i bagageutrymmet Jim-eul jim-kan-e si-uh-ya hae-yo	짐을 짐칸에 실어야 해요
Jag går av här Yå-gi-så ne-ril-ge-yo	여기서 내릴게요
Jag skulle vilja ha en tolk, tack Tong-yeok-sa-reul won-ham-ni-da, gam-sa-ham-ni-da	통역사를 원합니다, 감사합니다
Jag betalar med kreditkort Sin-yong-kå-deu-ro gjøl-je-hal-ge-yo	신용카드로 결제할게요
Jag kommer att anmäla dig Dång-sin-eul sin-go-hal geo-ye-yo	당신을 신고할 거예요
Är det en fast avgift? Go-jång yo-geum-in-ga-yo?	고정 요금인가요?
Det debiteras efter taxametern Mi-teo-gi-ro yo-geum-i tjjång-gu-doe-ni-da	미터기로 요금이 청구됩니다
Behåll växeln Jån-don-eun gaji-se-yo	잔돈은 가지세요

Låt mig ge dig adressen Ju-so-reul al-lyeo-deul-ge-yo	주소를 알려드릴게요
Gör en U-sväng U-turn hæ-ju-se-yo	U 턴 해주세요
Till vänster Wen-jjok-eu-ro ga-se-yo	왼쪽으로 가세요
Till höger O-ren-jjok-eu-ro ga-se-yo	오른쪽으로 가세요
Vänligen ring en taxi åt mig Jå-reul wi-hae tæksi-reul bul-leo-ju-se-yo	저를 위해 택시를 불러주세요
Vänligen stäng fönstret Chang-mun-eul da-da-ju-se-yo	창문을 닫아주세요
Vänligen släpp av mig vid varuhuset Bækhwa-jeom-e-seo ne-ryo-ju-se-yo	백화점에서 내려주세요
Vänligen släpp av mig vid livsmedelsbutiken Sik-ryo-pum-jeom-e-seo ne-ryo-ju-se-yo	식료품점에서 내려주세요
Vänligen ge mig ett kvitto Yeong-su-jeung-eul ju-se-yo	영수증을 주세요
Vänligen åk den snabbaste vägen Gå-jang ppa-reun gil-lo ga-ju-se-yo	가장 빠른 길로 가주세요
Vänligen åk den kortaste vägen Gå-jang tja-bbeun gil-lo ga-ju-se-yo	가장 짧은 길로 가주세요
Vänligen öppna bagageutrymmet Jim-kan-eul yå-reo-ju-se-yo	짐칸을 열어주세요
Vänligen öppna fönstret Chang-mun-eul yå-reo-ju-se-yo	창문을 열어주세요
Vänligen stanna här Yå-gi-så møm-chwå-ju-se-yo	여기서 멈춰주세요

Vänligen ta mig hit Yå-gi-ro de-ryeo-da ju-se-yo	여기로 데려다 주세요
Vänligen ta mig till detta hotell I hotell-lo de-ryeo-da ju-se-yo	이 호텔로 데려다 주세요
Vänligen sätt på luftkonditioneringen Eå-kon-eul kjå-ju-se-yo	에어컨을 켜주세요
Gasa på Gå-sok-ha-se-yo	가속하세요
Ta mig till ambassaden Dæ-sa-gwan-lo de-ryeo-da ju-se-yo	대사관으로 데려다 주세요
Taxi Tæksi	택시
Tack Gam-sa-ham-ni-da	감사합니다
Destinationen har ändrats Mok-jeok-ji-ga byon-gyeong-doe-eoss-seum-ni-da	목적지가 변경되었습니다
Det här är inte vägen I gil-i a-ni-e-yo	이 길이 아니에요
Detta är adressen I ju-so-im-ni-da	이 주소입니다
Sväng vänster Wen-jjok-eu-ro do-se-yo	왼쪽으로 도세요
Sväng höger O-ren-jjok-eu-ro do-se-yo	오른쪽으로 도세요
Var är destinationen? Mok-jeok-ji-ga å-di-in-ga-yo?	목적지가 어디인가요?
Du överdebiterar mig Jå-reul gwa-da chjông-gu-ha-go iss-eo-yo	저를 과다 청구하고 있어요

Du borde inte lura mig bara för att jag är utlänning

외국인이라고 저를 속이지 말아야 해요

Wæi-gok-in-i-ra-go jå-reul sok-i-ji mal-a-ya hae-yo

Du har passerat det   지나쳤어요

Ji-na-chwoss-eo-yo

Du har passerat stoppet   정류장을 지나쳤어요

Jjông-ryu-jang-eul ji-na-chwoss-eo-yo

Tunnelbana/Metro

지하철/메트로   Ji-ha-cheol / Me-tro

Är jag på rätt tåg?
Jæ-ga mat-neun gi-cha-e tån-na-yo?   제가 맞는 기차에 탔나요?

Kan jag kliva av här?
Yå-gi-så næ-ril su in-na-yo?   여기서 내릴 수 있나요?

Kan jag komma till andra sidan?
Ban-dae-pyon-lo gal su in-na-yo?   반대편으로 갈 수 있나요?

Klev jag på rätt tåg?
Jæ-ga mat-neun gi-cha-e tån-na-yo?   제가 맞는 기차에 탔나요?

Har du ett dagskort?
Il-il-kwon-i it-na-yo?   일일권이 있나요?

Har du ett månadskort?
Wol-gan-kwon-i it-na-yo?   월간권이 있나요?

Har du en tunnelbanekarta?
Ji-ha-cheol no-seon-do-ga it-na-yo?   지하철 노선도가 있나요?

Har du ett veckokort?
Ju-gan-kwon-i it-na-yo?   주간권이 있나요?

Har du ett årskort?
Yøn-gan-kwon-i it-na-yo?   연간권이 있나요?

Tar ni kontanter?
Hjön-geum-eul bat-na-yo?   현금을 받나요?

Kliv av vid nästa station
Da-um yeok-e-seo næ-ri-se-yo   다음 역에서 내리세요

Håll i handtagen
Son-jab-i-reul jap-eu-se-yo   손잡이를 잡으세요

Hur kan jag betala?
Åt-teo-ke gjøl-je-ha-na-yo?   어떻게 결제하나요?

Hur många stopp till min station?
제 역까지 몇 정거장 남았나요?
Jæ yeok-kkå-ji myut jong-geo-jang namn-na-yo?

Hur mycket kostar biljetten för en senior?
노인 요금은 얼마인가요?
No-in yo-geum-eun eol-ma-in-ga-yo?

Hur mycket kostar det att åka till flygplatsen?
공항까지 가는 요금은 얼마인가요?
Gong-hang-kkå-ji ga-neun yo-geum-eun eol-ma-in-ga-yo?

Jag har inget emot att stå
서 있는 건 괜찮아요
Sø iss-neun geon kår-chån-yo

Jag tror att jag åker åt fel håll
제가 잘못된 방향으로 가는 것 같아요
Jæ-ga jal-mot-doen bang-hyang-lo ga-neun geot gat-a-yo

Jag tror att jag klev på fel tåg
제가 잘못된 기차에 탄 것 같아요
Jæ-ga jal-mot-doen gi-cha-e tån geot gat-a-yo

Är det här min hållplats?
여기가 제 정거장인가요?
Yå-gi-ga jæ jong-geo-jang-in-ga-yo?

Det är en plats för funktionshindrade
장애인을 위한 자리입니다
Jang-ae-in-eul wi-han ja-ri-im-ni-da

Det är en plats för äldre personer
노인을 위한 자리입니다
No-in-eul wi-han ja-ri-im-ni-da

Gör lite plats, tack
조금 비켜주세요, 감사합니다
Tjo-gum bi-kyeo-ju-se-yo, gam-sa-ham-ni-da

Sitt här, tack
여기 앉으세요, 감사합니다
Yå-gi an-ja-se-yo, gam-sa-ham-ni-da

Stå i kö, tack
줄 서 주세요, 감사합니다
Jul seo ju-se-yo, gam-sa-ham-ni-da

Ta linje nummer 1
1 호선을 타세요
Il-ho-seon-eul tår-se-yo

Tåget kommer
기차가 옵니다
Gi-cha-ga op-ni-da

Tåget avgår snart
Gi-cha-ga godt chul-bal-ham-ni-da

기차가 곧 출발합니다

Tåget kommer att stanna i 10 minuter
Gi-cha-ga 10 bun dong-an jong-cha hal geo-im-ni-da

기차가 10 분 동안 정차할 것입니다

Vilken linje ska jag ta?
Åt-teon no-seon-eul tår-ya ha-na-yo?

어떤 노선을 타야 하나요?

Vilken station ska jag kliva av vid?
Å-di-så næ-ri-na-yo?

어디서 내리나요?

Vad är sista tåget?
Majim-ak gi-cha-neun ån-je in-ga-yo?

마지막 기차는 언제인가요?

Vad är nästa tåg?
Da-um gi-cha-neun ån-je in-ga-yo?

다음 기차는 언제인가요?

Var är hittegods?
Bun-sil-mul bo-gwan-so-neun å-di-in-ga-yo?

분실물 보관소는 어디인가요?

Var kan jag byta?
Å-di-e-seo hwan-seung-ha-na-yo?

어디에서 환승하나요?

Var köper jag en biljett?
Å-di-så pyo-reul gu-mae-ha-na-yo?

어디서 표를 구매하나요?

Var gör jag bytet?
Å-di-e-seo hwan-seung-ha-na-yo?

어디에서 환승하나요?

Var kliver du av?
Å-di-så næ-ri-na-yo?

어디서 내리나요?

Var är en stationsarbetare?
Yeok-mu-won-eun å-di-e it-na-yo?

역무원은 어디에 있나요?

Var är utgången?
Chul-gu-neun å-di-in-ga-yo?

출구는 어디인가요?

Var är den närmaste stationen härifrån?

여기서 가장 가까운 역은 어디인가요?

Yå-gi-så gå-jang kka-kka-un yeok-eun å-di-in-ga-yo?

Var är tunnelbanestationen?
Ji-ha-cheol-yeok-eun å-di-in-ga-yo?

지하철역은 어디인가요?

Var är biljettkassan?
Mae-pyo-so-neun å-di-in-ga-yo?

매표소는 어디인가요?

Vilken väg ska jag kliva av?
Å-di-så næ-ri-myeon doe-na-yo?

어디서 내리면 되나요?

Varför är tåget försenat?
Wæ gi-cha-ga ji-yeon-doe-eoss-na-yo?

왜 기차가 지연되었나요?

Du behöver byta tåg
Gi-cha-reul hwan-seung-hae-ya ham-ni-da

기차를 환승해야 합니다

Du behöver byta tåg
Gi-cha-reul hwan-seung-hae-ya ham-ni-da

기차를 환승해야 합니다

På hotellet

folk stannar i rummet
Sa-ram-deul-eun bang-eo mô-mul-luh-yo

사람들은 방에 머물러요

Är du en guldmedlem?
Dång-sin-oon Gold hwe-won-in-ga-yo?

당신은 골드 회원인가요?

Är du en platina medlem?
Dång-sin-oon Platinum hwe-won-in-ga-yo?

당신은 플래티넘 회원인가요?

Ge mig mer is, tack
Å-reum jom do-ju-se-yo, gam-sa-ham-ni-da

얼음 좀 더 주세요, 감사합니다

Kan jag checka ut sent?
Neut-ge Che-keu-aut hal su in-na-yo

늦게 체크아웃할 수 있나요?

Kan jag berätta mitt namn?
Næ i-reum-eul mal-ha-do deål-kå-yo?

내 이름을 말해도 될까요?

Kan jag uppgradera?
Up-gre-i-de hal su in-na-yo

업그레이드할 수 있나요?

Lägg det på mitt rum, tack
Næ bang-e chugae-hae ju-se-yo, gam-sa-ham-ni-da

내 방에 추가해 주세요, 감사합니다

Har ni ett billigare rum?
Do jeo-ryeom-han bang-i it-na-yo

더 저렴한 방이 있나요?

Har ni en stadskarta?
Do-si ji-do-ga it-na-yo

도시 지도가 있나요?

Har ni ett medlemskap?
Hwe-won ga-ip-i it-na-yo

회원 가입이 있나요?

Har ni anslutande rum?
Yeon-gyeol-doen bang-i it-na-yo

연결된 방이 있나요?

Ge mig en dubbelsäng
Do-beul chim-dae-reul ju-se-yo

더블 침대를 주세요

Ge mig en enkelsäng 싱글 침대를 주세요
Sing-geul chim-dae-reul ju-se-yo

Här är mitt pass 여기 내 여권입니다
Yå-gi næ yeo-gwon-im-ni-da

Hur kommer jag till mitt rum? 내 방까지 어떻게 가나요?
Næ bang-kkå-ji åt-teo-ke ga-na-yo

Hur många personer bor här? 여기 몇 명이 있나요?
Yå-gi myut myeong-i it-na-yo

Jag kan inte hitta din reservation 당신의 예약을 찾을 수 없습니다
Dång-sin-ui ye-yak-eul tjat-neun su eobs-seum-ni-da

Jag kan inte komma ihåg mitt reservationsnummer
내 예약 번호를 기억할 수 없습니다
Næ ye-yak beon-ho-reul gi-ok-hal su eobs-seum-ni-da

Jag har ingen reservation men jag behöver ett rum
예약이 없지만 방이 필요합니다
Ye-yak-i ob-jiman bang-i pil-yo-ham-ni-da

Jag har ett barn med mig 아이와 함께 있습니다
Ai-wa ham-kke it-seum-ni-da

Jag har mycket bagage 짐이 많습니다
Jim-i manh-seum-ni-da

Jag har tappat mitt rumsnyckel 방 열쇠를 잃어버렸습니다
Bang yeol-sjå-reul il-uh-buh-ryuh-sso-yo

Jag gjorde en reservation 예약을 했습니다
Ye-yak-eul haess-seum-ni-da

Jag behöver ditt kreditkort 당신의 신용카드가 필요합니다
Dång-sin-ui sin-yong-kå-deu-ga pil-yo-ham-ni-da

Jag kommer att betala med kontanter
현금으로 지불할 것입니다
Hjön-geum-eu-ro ji-bul-hal geo-ye-yo

Jag skulle vilja ha en hamburgare, tack

햄버거 하나 주세요, 감사합니다

Haem-bå-gər han-a ju-se-yo, gam-sa-ham-ni-da

Jag skulle vilja ha en väckning klockan 7

7 시에 깨워 주세요

7-si-e kjæ-wo ju-se-yo

Jag skulle vilja checka ut, tack   체크아웃하고 싶습니다, 감사합니다

Che-keu-aut ha-go si-peo-yo, gam-sa-ham-ni-da

Jag skulle vilja laga mat   요리를 하고 싶습니다

Yo-li-reul ha-go si-peo-yo

Jag skulle vilja förlänga min vistelse   체류를 연장하고 싶습니다

Chæ-ryu-reul yeon-jang-ha-go si-peo-yo

Jag skulle vilja beställa en måltid   식사를 주문하고 싶습니다

Sik-sa-reul ju-mun-ha-go si-peo-yo

Jag skulle vilja beställa rumsservice, tack

룸서비스를 주문하고 싶습니다, 감사합니다

Room service-reul ju-mun-ha-go si-peo-yo, gam-sa-ham-ni-da

Jag skulle vilja prata med chefen, tack   매니저와 이야기하고 싶습니다, 감사합니다

Manager-wa i-ya-gi-ha-go si-peo-yo, gam-sa-ham-ni-da

Jag skulle vilja checka in   체크인하고 싶습니다

Che-keu-in ha-go si-peo-yo

Jag skulle vilja ha valetparkering   발렛파킹을 원합니다

Valet parking-eul won-ham-ni-da

Ingår frukost?   조식이 포함되어 있나요?

Jo-sik-i po-ham-doe-eo it-na-yo

Finns det ett kök?   주방이 있나요?

Ju-bang-i it-na-yo

Är det en extra kostnad?   추가 비용이 있나요?

Chugae yo-geum-i it-na-yo

Kan jag få din signatur, tack   당신의 서명을 받을 수 있을까요, 감사합니다

Dång-sin-ui seo-myeong-eul bat-neun su it-na-yo, gam-sa-ham-ni-da

Vänligen ring en taxi till mig
Jæ-ge tæksi-reul bul-leo ju-se-yo

저에게 택시를 불러 주세요

Vänligen byt sängkläder
Chim-dae sheet-eul gyoh-che-hae ju-se-yo

침대 시트를 교체해 주세요

Vänligen städa rummet
Bang-eul chông-so-hae ju-se-yo

방을 청소해 주세요

Vänligen ge mig ett rum med utsikt
Jeon-mang-i it-neun bang-eul ju-se-yo

전망이 있는 방을 주세요

Vänligen håll mitt bagage
Jæ jim-eul bo-gwan-hae ju-se-yo

제 짐을 보관해 주세요

Vänligen visa mig ditt pass
Yeo-gwon-eul bo-yeo ju-se-yo

여권을 보여 주세요

Vänligen ta mitt bagage till rummet
Jæ jim-eul bang-e-ro ga-jyeo-da ju-se-yo

제 짐을 방으로 가져다 주세요

Rumsservice, tack
Room service, gam-sa-ham-ni-da

룸서비스, 감사합니다

A/C fungerar inte
A/C-ga jak-dong-ha-ji an-na-yo

A/C 가 작동하지 않습니다

Det varma vattnet fungerar inte
On-su-ga na-o-ji an-na-yo

온수가 나오지 않습니다

Hotellet är fullt
Hotel-i man-won-im-ni-da

호텔이 만원입니다

Reservationsnumret är ----
Ye-yak beon-ho-neun ---- im-ni-da

예약 번호는 ----입니다

Det pågår en konferens
Hoe-ui-ga jin-haeng jung-im-ni-da

회의가 진행 중입니다

Det tillkommer en extra avgift
Chugae yo-geum-i bal-saeng-ham-ni-da

추가 요금이 발생합니다

Var allt okej med din vistelse?
Chæ-ryu-neun kår-chån-sjwes-so-yo

체류는 괜찮으셨나요?

Vilket kreditkort använde du för att göra reservationen?

예약할 때 어떤 신용카드를 사용하셨나요?

Ye-yak-hal ttae å-tteon sin-yong-kå-deu-reul sayong-ha-syeoss-na-yo

---

Vad är den senaste utcheckningstiden?

최신 체크아웃 시간은 언제인가요?

Choe-sin Che-keu-out si-gan-eun ån-je in-ga-yo

Vad är reservationsnumret?

예약 번호는 무엇인가요?

Ye-yak beon-ho-neun mu-eot-in-ga-yo

Vilken tid checkar vi ut?

우리는 몇 시에 체크아웃하나요?

U-ri-neun myut si-e Che-keu-out ha-na-yo

När gjorde du reservationen?

예약은 언제 하셨나요?

Ye-yak-eun ån-je ha-syeoss-na-yo

Var är trapporna?

계단은 어디에 있나요?

Gye-dan-eun å-di-e it-na-yo

Var är incheckningsdisken?

체크인 데스크는 어디에 있나요?

Che-keu-in desk-eun å-di-e it-na-yo

Var är concierge?

컨시어지는 어디에 있나요?

Concierge-neun å-di-e it-na-yo

Var är hissen?

엘리베이터는 어디에 있나요?

Elevator-neun å-di-e it-na-yo

Var är isen?

얼음은 어디에 있나요?

Å-reum-eun å-di-e it-na-yo

Var är lobbyn?

로비는 어디에 있나요?

Lobby-neun å-di-e it-na-yo

Du har inte min reservation?

당신은 내 예약을 가지고 있지 않나요?

Dång-sin-oon næ ye-yak-eul ga-ji-go it-ji an-na-yo

Du måste betala en deposition

보증금을 지불해야 합니다

Bo-jeung-geum-eul ji-bul-hae-ya ham-ni-da

Riktningar

방향　　　　Bang-hyang

Kan jag gå?
Gal su in-na-yo?

갈 수 있나요?

Fortsätt gå i den riktningen
Geu bang-hyang-lo kjæ-sok ga-se-yo

그 방향으로 계속 가세요

Behöver jag ta en taxi?
Tæksi-reul tår-ya ha-na-yo?

택시를 타야 하나요?

Känner du till adressen?
Ju-so-reul a-si-na-yo?

주소를 아시나요?

Följ mig vänligen
Jæ-reul ttar-a-wa ju-se-yo

저를 따라와 주세요

Gå ner för den här vägen
I gil-lo næ-ryo-ga-se-yo

이 길로 내려가세요

Gå vänster
Wen-jjok-eu-ro ga-se-yo

왼쪽으로 가세요

Gå höger
O-ren-jjok-eu-ro ga-se-yo

오른쪽으로 가세요

Gå rakt fram
Jik-jjin-ha-se-yo

직진하세요

Gå upp 4 block till
4 block ål-la-ga-se-yo

4 블록 더 올라가세요

Jag letar efter ett sjukhus
Jæ-neun byung-won-eul tjat-go iss-seum-ni-da

저는 병원을 찾고 있습니다

Jag letar efter akvariet
Jæ-neun su-jok-gwan-eul tjat-go iss-seum-ni-da

저는 수족관을 찾고 있습니다

Jag letar efter matområdet
Jæ-neun um-sik gu-yeok-eul tjat-go iss-seum-ni-da

저는 음식 구역을 찾고 있습니다

Jag letar efter museet
Jæ-neun bak-mul-gwan-eul tjat-go iss-seum-ni-da

저는 박물관을 찾고 있습니다

Jag letar efter polisstationen
Jæ-neun gyeong-chal-seo-reul tjat-go iss-seum-ni-da

저는 경찰서를 찾고 있습니다

Jag letar efter postkontoret
Jæ-neun u-che-guk-eul tjat-go iss-seum-ni-da

저는 우체국을 찾고 있습니다

Jag letar efter djurparken
Jæ-neun dong-mul-won-eul tjat-go iss-seum-ni-da

저는 동물원을 찾고 있습니다

Jag vet inte var det är
Å-di-e it-neun-ji mo-reu-ge-sso-yo

어디에 있는지 모르겠어요

Jag tror att jag har gått vilse
Gil-eul ilh-eun geot gat-a-yo

길을 잃은 것 같아요

Jag tror att vi passerade det
U-ri-ga geu-geol ji-na-chwot-deon geot gat-a-yo

우리가 그걸 지나쳤던 것 같아요

Jag hjälper dig
Jæ-ga do-wa-deul-ge-yo

제가 도와드릴게요

Jag är vilse
Jæ-neun gil-eul ilh-eoss-eo-yo

저는 길을 잃었어요

Är det nära?
Kka-kka-un-ga-yo?

가까운가요?

Finns det en toalett i närheten?
Geun-cheo-e hwajang-sil-i it-na-yo?

근처에 화장실이 있나요?

Det ligger på 5:e våningen
5-chung-e it-se-yo

5층에 있어요

Det ligger till vänster
Wen-jjok-e it-se-yo

왼쪽에 있어요

Det ligger till höger
O-ren-jjok-e it-se-yo

오른쪽에 있어요

Det ligger förbi polisstationen
Gyeong-chal-seo-reul ji-na-seo it-se-yo

경찰서를 지나서 있어요

Det är den vägen
Geu gil-i-e-yo

그 길이에요

Det är den här vägen
I gil-i-e-yo

이 길이에요

Får jag be om vägbeskrivning?
Gil an-nae-reul bu-tak-ha-do deål-kå-yo?

길 안내를 부탁해도 될까요?

Vänligen berätta för mig igen
Da-si mal-sseum-hae ju-si-ge-sso-yo?

다시 말씀해 주시겠어요?

Tack för att du hjälper mig
Do-wa-ju-syeo-seo gam-sa-ham-ni-da

도와주셔서 감사합니다

Vi behöver gå lite längre ner för vägen

조금 더 길을 내려가야 해요

Tjo-gum do gil-lo næ-ryo-ga-ya hae-yo

Vad heter byggnaden?
Geu geon-mul i-reum-i mwo-ye-yo?

그 건물 이름이 뭐예요?

Vad heter gatan?
Geu geo-ri i-reum-i mwo-ye-yo?

그 거리 이름이 뭐예요?

Var är jag?
Jæ-neun å-di-e it-na-yo?

저는 어디에 있나요?

Var är vi på den här kartan?
U-ri-neun i ji-do-e-seo å-di-e it-na-yo?

우리는 이 지도에서 어디에 있나요?

Var är tunnelbanan?
Ji-ha-cheol-eun å-di-e it-na-yo?

지하철은 어디에 있나요?

Var är tågstationen?
Gi-cha-yeok-eun å-di-e it-na-yo?

기차역은 어디에 있나요?

Vilken väg är det?
I gil-i mwo-ye-yo?

이 길이 뭐예요?

Skulle du vänligen kunna berätta för mig vägbeskrivningen?

길 안내를 말씀해 주실 수 있나요?

Gil an-nae-reul mal-sseum-hae ju-sil su it-na-yo?

Hälsovård

헬스케어   Hel-ths-ke-er

Applicera denna kräm 3 gånger om dagen

이 크림을 하루에 3 번 바르세요

I keu-rim-eul ha-ru-e 3-beon ba-reu-se-yo

Ring en läkare, tack   의사에게 전화하세요, 부탁드립니다

Ui-sa-e-ge jeon-hwa-ha-se-yo, bu-tak-deul-mi-da

Ring en ambulans, tack   구급차를 불러주세요, 부탁드립니다

Gu-geup-cha-reul bul-leo-ju-se-yo, bu-tak-deul-mi-da

Kan jag köpa detta utan recept?   처방전 없이 이걸 살 수 있나요?

Cheo-bang-jeon eobs-i i-geol sal su in-na-yo

Känner du dig bättre?   기분이 나아지셨나요?

Gi-bun-i na-a-ji-syeoss-na-yo

Känner du dig sämre?   기분이 나빠지셨나요?

Gi-bun-i na-bba-ji-syeoss-na-yo

Har du några allergier?   알레르기가 있나요?

Al-leol-leu-gi-ga it-na-yo

Har du några befintliga tillstånd?   기존 질환이 있나요?

Gi-jong jil-hwan-i it-na-yo

Har du sjukförsäkring?   건강 보험이 있나요?

Geon-gang bo-heum-i it-na-yo

Få inte en förkylning   감기에 걸리지 마세요

Gam-gi-e geol-li-ji ma-se-yo

Arbeta inte för hårt   너무 열심히 일하지 마세요

Neo-mu yeol-shim-hi il-ha-ji ma-se-yo

Drick mycket vatten   물을 많이 드세요

Mu-reul man-hi deu-se-yo

Fyll ditt recept på apoteket   약국에서 처방전을 채우세요

Yak-guk-e-seo cheo-bang-jeon-eul chae-u-se-yo

Har du tagit dina mediciner?
Yak-eul deu-syeoss-na-yo

약을 드셨나요?

Här är ditt recept
Yeogi dang-sin-ui cheo-bang-jeon-i it-seum-ni-da

여기 당신의 처방전이 있습니다

Hur mår du?
Åt-teo-ke ji-nae-se-yo

어떻게 지내세요?

Jag mår bättre
Jæ-neun na-a-jyeoss-eo-yo

저는 나아졌어요

Jag mår inte bra
Jæ-neun joh-ji an-na-yo

저는 좋지 않아요

Jag är inte så sjuk
Jæ-neun geu-reoh-ge a-peu-ji an-na-yo

저는 그렇게 아프지 않아요

Jag är sjuk
Jæ-neun a-pa-yo

저는 아파요

Jag nyser
Jæ-neun jae-chae-gi-reul hae-yo

저는 재채기를 해요

Jag har brutit armen
Jæ-neun pal-eul bu-reo-tteu-ryeoss-eo-yo

저는 팔을 부러뜨렸어요

Jag har brutit benet
Jæ-neun da-li-reul bu-reo-tteu-ryeoss-eo-yo

저는 다리를 부러뜨렸어요

Jag blir sällan sjuk
Na-neun jom-cheo-reom a-peu-ji an-a

나는 좀처럼 아프지 않아

Jag tror inte det
Na-neun geu-reoh-ge saeng-gak-ha-ji an-a

나는 그렇게 생각하지 않아

Jag känner mig yr
Na-neun eo-ji-reo-wo

나는 어지러워

Jag känner mig svag
Na-neun yak-hae

나는 약해

Jag föll ner
Na-neun neo-meo-jyeoss-eo

나는 넘어졌어

Jag har feber
Na-neun yeol-i na

나는 열이 나

Jag har huvudvärk
Na-neun du-tong-i it-seo

나는 두통이 있어

Jag har ett utslag
Na-neun bal-jin-i it-seo

나는 발진이 있어

Jag har rinnande näsa
Na-neun kot-mul-i na

나는 콧물이 나

Jag har allergier
Na-neun al-leol-leu-gi-ga it-seo

나는 알레르기가 있어

Jag har hicka
Na-neun ttal-gguk-jil-i it-seo

나는 딸꾹질이 있어

Jag har ont överallt
Na-neun on-mom-i a-pa

나는 온몸이 아파

Jag blöder hela tiden
Na-neun gye-sok pi-ga na

나는 계속 피가 나

Jag behöver en tupplur
Na-neun naj-jam-i pil-yo-hae

나는 낮잠이 필요해

Jag behöver fylla denna medicin
Na-neun i yak-eul chae-wo-ya hae

나는 이 약을 채워야 해

Jag behöver ge dig en spruta
Neo-e-ge ju-sa-reul ju-ya hae

너에게 주사를 줘야 해

Jag behöver ta några blodprover
Myut ga-ji hyeol-aeg geom-sa-reul ba-da-ya hae

몇 가지 혈액 검사를 받아야 해

Jag halkade
Na-neun mi-kkeu-reo-jyeoss-eo

나는 미끄러졌어

Jag kommer att ge dig ett nytt recept
Sæ cheo-bang-jeon-eul jul-ge

새 처방전을 줄게

Jag tar dig till sjukhuset
Neo-reul byung-won-e deul-yeo-da jul-ge

너를 병원에 데려다 줄게

Jag är blåslagen överallt
Na-neun on-mom-i meong-deul-eoss-eo

나는 온몸이 멍들었어

Jag är utmattad
Na-neun ji-chyeoss-eo

나는 지쳤어

Jag har kramper
Na-neun gyeong-ryeon-i it-seo

나는 경련이 있어

Jag är inte sjuk längre
Na-neun deo i-sang a-peu-ji an-na

나는 더 이상 아프지 않아

Jag är inte så dålig
Na-neun geu-reoh-ge na-bbeu-ji an-na

나는 그렇게 나쁘지 않아

Jag är trött
Na-neun pi-gon-hae

나는 피곤해

Finns det ett sjukhus i närheten?
Geun-cheo-e byung-won-i it-na-yo

근처에 병원이 있나요?

Är det något annat som är fel?
Da-reun mun-je-ga it-na-yo

다른 문제가 있나요?

Är detta generiskt?
I-geos-eun il-ban-jeog-in ga-yo

이것은 일반적인 건가요?

Det kunde ha varit värre
Do na-bbeul su-do iss-eoss-eo-yo

더 나쁠 수도 있었어요.

Det kommer att ta ett par dagar att fylla detta

이것을 채우는 데 며칠 걸릴 거예요.
I-geos-eul chae-u-neun de myul-chil geolil geo-ye-yo

Det är en nödsituation
Gin-geup sang-hwang-im-ni-da

긴급 상황입니다.

Lägg dig ner på sängen, tack
Chim-dae-e nu-wo ju-se-yo, bu-tak-hae-yo

침대에 누워 주세요, 부탁해요.

Låt mig ta ditt blodtryck
Hyeol-ap-eul jae-ge hae-ju-se-yo

혈압을 재게 해주세요.

Låt mig ta din temperatur
Che-on-eul jae-ge hae-ju-se-yo

체온을 재게 해주세요.

Låt mig ta din vikt
Dang-sin-ui che-jung-eul jae-ge hae-ju-se-yo

당신의 체중을 재게 해주세요

Mina läppar är spruckna
Nae i-bul-eun gal-la-jyeoss-eo-yo

내 입술은 갈라졌어요

Min nacke gör ont
Mok-i a-pa-yo

목이 아파요

Min mage gör ont
Bae-ga a-pa-yo

배가 아파요

Öppna munnen
Ip-eul yeol-eo-ju-se-yo

입을 열어주세요

Vänligen fyll detta recept
I cheo-bang-jeon-eul jak-seong-hae ju-se-yo

이 처방전을 작성해 주세요

Ta ett djupt andetag, tack
Sum-eul gip-i swi-se-yo, gam-sa-ham-ni-da

숨을 깊이 쉬세요, 감사합니다

Ta hand om dig själv
Ja-gi ja-sin-eul dol-bo-se-yo

자기 자신을 돌보세요

Ta mig till sjukhuset, tack
Jæ-reul byung-won-e-ro deul-yeo-ga ju-se-yo, gam-sa-ham-ni-da

저를 병원으로 데려가 주세요, 감사합니다

Ta detta två gånger om dagen med mat
I yak-eul ha-ru-e du beon sik-sa-wa ham-kke deu-se-yo

이 약을 하루에 두 번 식사와 함께 드세요

Blödningen slutar inte
Chul-hyeol-i meom-chu-ji an-na-yo

출혈이 멈추지 않아요

Läkaren kommer snart
Ui-sa-ga got ol geo-ye-yo

의사가 곧 올 거예요

Influensan går runt
Dok-gam-i dol-go iss-eo-yo

독감이 돌고 있어요

Denna medicin fungerar bra för det problemet

이 약은 그 문제에 잘 작용합니다

I yak-eun geu mun-je-e jal jak-yong-ham-ni-da

Vad är biverkningarna?

부작용은 무엇인가요?

Bu-jak-yong-eun mu-eot-in-ga-yo

Vad är dina symtom?

당신의 증상은 무엇인가요?

Dang-sin-ui jeung-sang-eun mu-eot-in-ga-yo

Vad förde dig hit?

무엇이 당신을 여기로 이끌었나요?

Mu-eot-i dang-sin-eul yeo-gi-ro i-kkeul-eoss-na-yo

Vilken medicin är detta?

이 약은 무엇인가요?

I yak-eun mu-eot-in-ga-yo

Vilka mediciner tar du?

어떤 약을 복용하고 있나요?

Eotteon yak-eul bok-yong-ha-go iss-na-yo

Vad är skillnaden mellan dessa mediciner?

이 약들과의 차이점은 무엇인가요?

I yak-deul-gwa-ui cha-i-jeom-eun mu-eot-in-ga-yo

Var är en läkare?

의사는 어디에 있나요?

Ui-sa-neun å-di-e it-na-yo

Vilken fungerar bättre?

어떤 약이 더 효과적인가요?

Eotteon yak-i deo hyo-gwa-jeog-in-ga-yo

Ja, det kommer att göra dig dåsig

네, 그것은 당신을 졸리게 할 것입니다

Ne, geu-geos-eun dang-sin-eul jol-li-ge hal geo-ye-yo

Du har ett utslag

당신은 발진이 있습니다

Dang-sin-eun bal-jin-i it-seo

Du ser bra ut

당신은 좋아 보입니다

Dang-sin-eun joh-a bo-im-ni-da

Du kan gå hem nu

이제 집에 가도 됩니다

I-je jib-e ga-do doe-yo

Du behöver en röntgen

당신은 엑스레이가 필요합니다

Dang-sin-eun X-ray-ga pil-yo-hae-yo

Du behöver denna medicin
Dang-sin-eun i yak-i pil-yo-hae-yo

당신은 이 약이 필요합니다

Du behöver checka in vid receptionen
Dang-sin-eun jeop-su-cheo-e che-keu-in-hae-ya hae-yo

당신은 접수처에 체크인해야 합니다

Du behöver checka in på sjukhuset
Dang-sin-eun byung-won-e che-keu-in-hae-ya hae-yo

당신은 병원에 체크인해야 합니다

Du bör åka till sjukhuset
Dang-sin-eun byung-won-e ga-ya hae-yo

당신은 병원에 가야 합니다

Du ser ut som om du har en förkylning
Neo-neun gam-gi-e geol-lin geot-cheo-reom bo-in-da

너는 감기에 걸린 것처럼 보인다

Ditt blodtryck är högt
Neo-ui hyeol-ap-i nop-da

너의 혈압이 높다

Turist

관광객   Gwan-gwang-gaeg

Är det alltid så här många människor?
항상 이렇게 많은 사람들이 있나요?
Hangsang i-reoh-ke manh-eun saram-deul-i it-na-yo?

Kan jag gå in där?
거기 들어가도 되나요?
Geogi deu-reo-ga-do doe-yo?

Kan jag titta runt?
주변을 둘러봐도 되나요?
Jubyeon-eul dul-reo-bwa-do doe-yo?

Kan jag ta en bild?
사진을 찍어도 되나요?
Sa-jin-eul jjik-eo-do doe-yo?

Kan jag ta en video?
비디오를 찍어도 되나요?
Bi-di-o-reul jjik-eo-do doe-yo?

Behöver jag mitt pass?
여권이 필요하나요?
Yeo-gwon-i pil-yo-ha-na-yo?

Har ni rabatt för barn?
어린이 할인 있나요?
Eo-ri-ni hal-in it-na-yo?

Har ni rabatt för seniorer?
노인 할인 있나요?
No-in hal-in it-na-yo?

Har ni en engelsk ljudguide?
영어 오디오 가이드가 있나요?
Yeong-eo o-di-o ga-i-deu-ga it-na-yo?

Har ni en engelsk guide?
영어 가이드가 있나요?
Yeong-eo ga-i-deu-ga it-na-yo?

Har ni en engelsk guidebok?
영어 가이드북이 있나요?
Yeong-eo ga-i-deu-buk-i it-na-yo?

Vill du att jag ska ta en bild på dig?
내가 당신의 사진을 찍어줄까요?
Naega dang-sin-ui sa-jin-eul jjik-eo-jul-kka-yo?

Mat är inte tillåten inuti
안에는 음식이 허용되지 않습니다.
An-e-neun eum-sik-i heo-yong-doe-ji anh-seum-ni-da

Ge mig en barnbiljett, tack
어린이 티켓 하나 주세요, 감사합니다.
Eo-ri-ni ti-ket ha-na ju-se-yo, gam-sa-ham-ni-da

Ge mig en biljett, tack
티켓 하나 주세요, 감사합니다.
Ti-ket ha-na ju-se-yo, gam-sa-ham-ni-da

Hur länge kan jag titta runt?
얼마나 오랫동안 둘러볼 수 있나요?
Eol-ma-na o-raet-dong-an dul-reo-bol su it-na-yo?

Hur mycket kostar biljetterna?
티켓 가격은 얼마인가요?
Ti-ket ga-gyeog-eun eol-ma-in-ga-yo?

Jag skulle vilja köpa några souvenirer
기념품 몇 개 사고 싶어요.
Gi-nyeom-pum myut gae sa-go si-peo-yo

Jag ska göra en säkerhetsskanning
안전 검색을 할 것입니다.
An-jeon geom-seog-eul hal geo-ye-yo

Finns det en restaurang inuti?
안에 레스토랑이 있나요?
An-e re-seu-to-rang-i it-na-yo?

Är det här en turistattraktion?
여기가 관광 명소인가요?
Yeogi-ga gwan-gwang myeong-so in-ga-yo?

Är det här?
여기가 맞나요?
Yeogi-ga mat-na-yo?

Är den här turistattraktionen känd?
이 관광 명소는 유명한가요?
I gwan-gwang myeong-so-neun yu-myeong-han-ga-yo?

Det har kulturell betydelse
문화적 의미가 있습니다.
Mun-hwa-jeog mi-mi-ga it-seum-ni-da

Det är en historisk plats
역사적인 장소입니다.
Yeok-sa-jeog-in jang-so-im-ni-da

Det är en populär plats
인기 있는 장소입니다.
In-gi inneun jang-so-im-ni-da

Det är alltid trångt här
여기는 항상 붐빕니다.
Yeogi-neun hangsang bum-bib-ni-da

Det är besvikande
실망스럽습니다.
Sil-mang-seu-reop-ni-da

Det är första gången jag ser något sådant här

이런 것을 보는 것은 처음입니다.

I-reon geos-eul bo-neun geos-eun cheo-eum-im-ni-da

Det är verkligen coolt

정말 멋집니다.

Jeong-mal meot-jim-ni-da

Jag har aldrig sett något liknande

이런 것을 본 적이 없습니다.

I-reon geos-eul bon jeok-i eobs-seum-ni-da

Vänligen håll tyst

조용히 해 주세요.

Jo-yong-hi hae ju-se-yo

Vänligen sänk rösten

목소리를 낮춰 주세요.

Mok-so-ri-reul nat-chwo ju-se-yo

Vänligen visa mig din biljett

티켓을 보여 주세요.

Ti-ket-eul bo-yeo ju-se-yo

Vänligen ta en bild med bakgrunden inkluderad

배경을 포함해서 사진을 찍어 주세요.

Bae-gyeong-eul poham-hae-seo sa-jin-eul jjik-eo ju-se-yo

Det finns ett stort antal människor

사람이 많습니다.

Saram-i manh-seum-ni-da

Det finns många turister

관광객이 많습니다.

Gwan-gwang-gaeg-i manh-seum-ni-da

Detta område är avstängt

이 지역은 출입 금지입니다.

I ji-yeog-eun chul-ip geum-ji-im-ni-da

Detta är så unikt

정말 독특합니다.

Jeong-mal dok-teug-im-ni-da

Vi kom hit för ingenting

우리는 아무것도 없이 여기 왔습니다.

U-ri-neun a-mu-geot-do eobs-i yeo-gi wa-sseum-ni-da

Vilken utsikt

어떤 전망인가요?

Eotteon jeon-mang-in-ga-yo?

Vad är betydelsen av denna plats?

이 장소의 의미는 무엇인가요?

I jang-so-ui mi-mi-neun mu-eot-in-ga-yo?

Vad är det här för plats?
I-got-eun eotteon got-in-ga-yo?

이곳은 어떤 곳인가요?

Vilken tid börjar rundturen?
Tu-eo-neun myut si-e si-jak-ha-na-yo?

투어는 몇 시에 시작하나요?

Var finns toaletterna?
Hwa-jang-sil-eun eo-di-e it-na-yo?

화장실은 어디에 있나요?

Var köper jag biljetter?
Ti-ket-eun eo-di-seo gu-mae-ha-na-yo?

티켓은 어디서 구매하나요?

Var är utgången?
Chul-gu-neun eo-di-in-ga-yo?

출구는 어디인가요?

Var är presentbutiken?
Gi-nyeom-pum ga-ge-neun eo-di-in-ga-yo?

기념품 가게는 어디인가요?

Var är informationsdisken?
Jeong-bo de-seu-keu-neun eo-di-e it-na-yo?

정보 데스크는 어디에 있나요?

Kan du ta min bild, tack?
Nae sa-jin-eul jjik-eo jul su it-na-yo, gam-sa-ham-ni-da

내 사진을 찍어 줄 수 있나요, 감사합니다?

Ja, det är här
Ne, yeo-gi-im-ni-da

네, 여기입니다.

Du kan gå in
Deu-reo-ga-do doe-yo

들어가도 됩니다.

Du kan inte gå in
Deu-reo-gal su eobs-seum-ni-da

들어갈 수 없습니다.

Du kan inte röra vid det
Geu-geos-eul man-chil su eobs-seum-ni-da

그것을 만질 수 없습니다.

Väder

날씨   Nal-ssi

Enligt prognosen ska det vara soligt   예보에 따르면 맑을 것이라고 합니다
Ye-bo-e ttal-eu-myeon mal-geul geot-i-ra-go ham-ni-da

luftkonditionering E-eo-keon	에어컨
under noll Yeong-ha	영하
snöstorm Nun-bo-ra	눈보라
kyligt Ssal-ssal-han	쌀쌀한
klart Mal-geun	맑은
klimat Gi-hu	기후
Moln Gu-reum	구름
Har regnet slutat? Bi-ga geu-chyeoss-na-yo?	비가 그쳤나요?
Har snön slutat? Nun-i geu-chyeoss-na-yo?	눈이 그쳤나요?
Duggregn I-seul-bi	이슬비
torka Geon-jo	건조
torr Geon-jo-han	건조한

Höst
Ga-eul

가을

Har du hört väderprognosen?
Nal-ssi ye-bo deu-reoss-eo?

날씨 예보 들었어?

---

värmebölja
Deo-wi

더위

Hur mycket regn föll?
Eol-ma-na bi-ga nae-ryeoss-eo?

얼마나 비가 내렸어?

Hur mycket snö föll?
Eol-ma-na nun-i nae-ryeoss-eo?

얼마나 눈이 내렸어?

Hur är vädret
Nal-ssi-ga eo-ddae?

날씨가 어때

---

fuktigt
Seup-gi it-seo

습기 있어

Jag kan inte förutsäga vädret
Na-neun nal-ssi-reul ye-cheug-hal su eobs-eo

나는 날씨를 예측할 수 없어

Jag gillar höst
Na-neun ga-eul-eul jo-a-hae

나는 가을을 좋아해

Jag gillar vår
Na-neun bom-eul jo-a-hae

나는 봄을 좋아해

Jag gillar sommar
Na-neun yeo-reum-eul jo-a-hae

나는 여름을 좋아해

Jag gillar vinter
Na-neun gyeo-ul-eul jo-a-hae

나는 겨울을 좋아해

Jag borde ha tagit med ett paraply
Na-neun u-san-eul ga-jyeo-wass-eo-ya haet-da

나는 우산을 가져왔어야 했다

Det är molnigt
Gu-reum-i kki-eo it-da

구름이 끼어 있다

Det är kallt
Chup-da

춥다

Det är torrt Geon-jo-ha-da	건조하다
Det är höst Ga-eul-i-da	가을이다
Det är varmt Deop-da	덥다
Det är fuktigt Seup-ha-da	습하다
Det öser ner Bi-ga sso-da-jin-da	비가 쏟아진다
Det regnar Bi-ga on-da	비가 온다
Det är vår Bom-i-da	봄이다
Det är sommar Yeo-reum-i-da	여름이다
Det är regnperiod U-gi-i-da	우기이다
Det är varmt Deop-da	덥다
Det är blåsigt Ba-ram-i bun-da	바람이 분다
Det är vinter Gyeo-ul-i-da	겨울이다
Det har slutat regna Bi-ga geu-chyeot-da	비가 그쳤다
Det har slutat snöa Nun-i geu-chyeot-da	눈이 그쳤다
Det kommer att vara soligt hela dagen Ha-ru jong-il mal-geul geot-i-da	하루 종일 맑을 것이다

Det kommer att regna hela dagen Ha-ru jong-il bi-ga ol geot-i-da	하루 종일 비가 올 것이다
Det kommer att snöa hela dagen Ha-ru jong-il nun-i ol geot-i-da	하루 종일 눈이 올 것이다
Det är den första snön Cheot-nun-i-da	첫눈이다
Det är mulet Heu-ryeo-yo	흐려요.
Det snöar Nun-i on-da	눈이 온다
regn Bi	비
regnjacka U-bi	우비
regnperiod Bi o-neun gi-gan	비 오는 기간
Säsong Gye-jeol	계절
snö Nun	눈
Vår Bom	봄
Sommar Yeo-reum	여름
sol Tae-yang	태양
Temperatur On-do	온도
Bladen ändrar färg Ip-i saeg-eul ba-ggoon-da	잎이 색을 바꾼다

Vägen är frusen Do-ro-ga eol-eoss-da	도로가 얼었다
Vägen är hal Do-ro-ga mik-keureop-da	도로가 미끄럽다
Himlen är klar Ha-neul-i malg-da	하늘이 맑다
Stormen är på väg Pok-pung-i da-ga-o-go it-da	폭풍이 다가오고 있다
Väderprognosen är fel Il-gi-ye-bo-ga teul-lyeoss-da	일기예보가 틀렸다
Vädret är fint Nal-ssi-ga jo-ta	날씨가 좋다
Vädret blir sakta bättre Nal-ssi-ga seo-seo-hi jo-a-ji-da	날씨가 서서히 좋아진다
Vädret är konstigt Nal-ssi-ga i-sang-ha-da	날씨가 이상하다
Vädret förändras hela tiden Nal-ssi-ga gyesok byeon-han-da	날씨가 계속 변한다
Vädret borde bli bättre snart Nal-ssi-ga god jo-a-jil geot-i-da	날씨가 곧 좋아질 것이다
Det finns is på vägen Do-ro-e eol-eum-i it-da	도로에 얼음이 있다
åska Cheon-dung	천둥
tyfon Tae-pung	태풍
paraply U-san	우산
UV-strålar Ja-oe-seon	자외선

Vad är temperaturen idag?　　　　　　오늘의 온도는 얼마인가요?
O-neul-ui on-do-neun eol-ma-in-ga-yo?

Vad är din favoritårstid?　　　　　　당신의 좋아하는 계절은 무엇인가요?
Dang-sin-ui jo-a-ha-neun gye-jeol-eun mu-eot-in-ga-yo?

Hur blir vädret imorgon?　　　　　　내일 날씨는 어떻게 되나요?
Nae-il nal-ssi-neun eo-tteoh-ge doe-na-yo?

Vad är det som är fel med vädret　　　날씨에 뭐가 잘못된 건가요?
Nal-ssi-e mwo-ga jal-mot-doen geon-ga-yo?

Vinter　　　　　　　　　　　　　　겨울
Gyeo-ul

Känslor

감정　　　Jeol-dae!

Absolut! Hwan-sang-jeok	절대!
Fantastiskt Neo mi-chyeoss-eo?	환상적
Är du galen? Neo gwaen-chanh-a?	너 미쳤어?
Är du okej? Neo jeong-sin na-gass-eo?	너 괜찮아?
Är du ute efter ditt sinne? Neo jin-ji-hae?	너 정신 나갔어?
Är du seriös? Meot-jyeo	너 진지해?
Coolt Hwa-nae-ji ma	멋져
Bli inte upprörd Geok-jeong-ha-ji ma	화내지 마
Oroa dig inte Jeong-mal?	걱정하지 마
Verkligen? Na-neun u-ul-hae	정말?
Jag är deprimerad Na-neun gi-ppeo	나는 우울해
Jag är glad Na-neun hwa-ga na	나는 기뻐
Jag är arg Na-neun jja-jeung-na	나는 화가 나

Jag är förbannad
Na-neun seul-peo

나는 짜증나

Jag är ledsen
Mi-an-hae

나는 슬퍼

Jag ber om ursäkt
Nae-ga neo-mu sik-keu-reoweo-seo mi-an-hae

미안해

Jag ber om ursäkt för att jag var för högljudd

Nae sil-su-e dae-hae mi-an-hae

내가 너무 시끄러워서 미안해

Jag ber om ursäkt för mitt misstag
Mit-eul su eobs-eo

내 실수에 대해 미안해

Jag kan inte tro det
Na-neun gi-bun-i u-ul-hae

믿을 수 없어

Jag känner mig nere
Na-neun gi-bun-i u-ul-hae

나는 기분이 우울해

Jag hoppas att du löser det snart
Neo-ga god hae-gyeol-ha-gil ba-rae

너가 곧 해결하길 바래

Jag är besviken
Na-neun sil-mang-haess-eo

나는 실망했어

Jag är besviken på dig
Na-neun neo-e-ge sil-mang-haess-eo

나는 너에게 실망했어

Jag är extremt olycklig
Na-neun geuk-do-ro bul-haeng-hae

나는 극도로 불행해

Jag mår bra
Na-neun gwaen-chanh-a

나는 괜찮아

Jag är hjärtekrossad
Na-neun ma-eum-i a-peu-da

나는 마음이 아프다

Jag är inte på humör
Na-neun gi-bun-i joh-ji anh-da

나는 기분이 좋지 않다

Jag är ledsen Na-neun seul-peu-da	나는 슬프다
Jag ber om ursäkt för att jag är sen Neujeo-seo mi-an-ha-da	늦어서 미안하다
Jag är ledsen att höra det Geu so-sig-i seul-peu-da	그 소식이 슬프다
Jag är ledsen att hålla dig väntande Gi-da-ri-ge hae-seo mi-an-ha-da	기다리게 해서 미안하다
Är det ett problem Mun-je-ga it-ni?	문제가 있니
Det är fantastiskt Jeong-mal meot-jji-da	정말 멋지다
Det är mitt misstag Nae sil-su-da	내 실수다
Det är verkligen roligt Jeong-mal jae-mi-it-da	정말 재미있다
Det är skrämmande Mu-seop-da	무섭다
Det är för roligt Neo-mu jae-mi-it-da	너무 재미있다
Självklart Mul-lon-i-da	물론이다
Åh, det är dåligt A, geu-geon na-ppeu-da	아, 그건 나쁘다
Snälla sluta nu! Je-bal i-je geu-man-hae!	제발 이제 그만해!
Sluta leka Nol-ji ma	놀지 마
Tack Go-ma-wo	고마워

Tack för hjälpen Do-wa-jwo-seo go-ma-wo	도와줘서 고마워
Tack så mycket Jeong-mal go-ma-wo	정말 고마워
Det var otur Bul-un-i-eoss-da	불운이었다
Tack för allt Mo-deun geos-e ge go-ma-wo	모든 것에 고마워
Tack för att du bjöd in mig Cho-dae-hae-jwo-seo go-ma-wo	초대해줘서 고마워
Det är synd An-ta-gap-da	안타깝다
Det är hemskt Kkeum-jjik-ha-da	끔찍하다
Det är spännande Sin-nan-da	신난다
Det är väldigt snällt av dig Neo-mu chin-jeol-ha-da	너무 친절하다
Vilken skam Jeong-mal a-swip-da	정말 아쉽다
Vad är problemet Mun-je-ga mwo-ya	문제가 뭐야
Du skämtar med mig Neo na-reul nol-li-neun geo-ni?	너 나를 놀리는 거니
Du har varit en stor hjälp Neo-neun keun do-um-i-eoss-da	너는 큰 도움이었다
Varsågod Cheon-man-e-yo	천만에요

På jobbet

직장에서　　Hoe-jang-eh-seo

revisor
Hoe-gye-sa
회계사

---

skådespelare
Bae-u
배우

årslön
Yeon-bong
연봉

---

arkitekt
Geon-chuk-ga
건축가

Arbetar du övertid?
Cho-gwa geun-mu-ha-na-yo?
초과 근무하나요?

---

konstnär
Ye-sul-ga
예술가

---

idrottare
Un-dong-seon-su
운동선수

---

banktjänsteman
Eun-haeng-won
은행원

---

bartender
Ba-ten-deo
바텐더

---

affärsresa
Chul-jang
출장

---

slaktare
Jeo-guk-jeom ju-in
정육점 주인

Kan du fylla i för mig?
Jeo-reul wi-hae chae-wo-joo-sil su it-na-yo?
저를 위해 채워주실 수 있나요?

---

karriär
Gyeong-ryeok
경력

---

snickare Mok-su	목수
kock Yo-ri-sa	요리사
kollega Dong-ryo	동료
Kom till mötesrummet, tack Hoe-ui-sil-ro wa joo-se-yo	회의실로 와 주세요
Kom till kontoret imorgon, tack Nae-il sa-mu-sil-ro wa joo-se-yo	내일 사무실로 와 주세요
Grattis till din befordran Seung-jin-eul chuk-ha-ham-ni-da	승진을 축하합니다
Att dejta på jobbet är förbjudet Jik-jang-eh-seo dae-i-teu-ha-neun geot-eun geum-ji-doe-eo it-seum-ni-da	직장에서 데이트하는 것은 금지되어 있습니다
tandläkare Chi-gwa-ui-sa	치과의사
designer De-ja-i-neo	디자이너
Skrivbord Chaek-sang	책상
Måste jag gå? Ga-ya ha-na-yo?	가야 하나요?
Har vi mycket övertid? Cho-gwa geun-mu-ga manh-na-yo?	초과 근무가 많나요?
Har du något emot att jag går? Je-ga ga-neun geot-e dae-hae dang-sin-eun ban-dae-ha-na-yo?	제가 가는 것에 대해 당신은 반대하나요?
läkare Ui-sa	의사
Arbeta inte för hårt Neo-mu yeol-sim-hi il-ha-ji ma-se-yo	너무 열심히 일하지 마세요

elektriker Jeon-gi-gi-sa	전기기사
arbetsgivare Go-yong-ju	고용주
ingenjör En-ji-ni-eo	엔지니어
bonde Nong-bu	농부
brandman So-bang-gwan	소방관
fiskare Eu-bo	어부
trädgårdsmästare Won-e-sa	원예사
Gå till utbildning för nya anställda Sin-ip sa-won-gyo-yuk-eu-ro ga-joo-se-yo	신입 사원 교육으로 가세요
frisör Mi-yong-sa	미용사
Han är inte här idag. Geu-neun o-neul yeo-gi eobs-eo-yo	그는 오늘 여기 없어요.
Här är mitt visitkort. Yeo-gi je myeong-ham-im-ni-da	여기 제 명함입니다.
Hur många semesterdagar per år? Yeon-gan myeot il-ui hyu-ga-ga it-na-yo?	연간 몇 일의 휴가가 있나요?
Hur mycket är lönen? Geup-yeo-neun eol-ma in-ga-yo?	급여는 얼마인가요?
Jag ska börja på ett nytt företag. Jeo-neun sae-ro-un hoe-sa-e-seo il-hal ye-jeong-im-ni-da	저는 새로운 회사에서 일할 예정입니다.
Jag arbetar på ekonomiavdelningen. Jeo-neun jae-mu bu-seo-e-seo il-ha-go it-seum-ni-da	저는 재무 부서에서 일하고 있습니다.

Jag är på IT-avdelningen
Jeo-neun IT bu-seo-e it-seum-ni-da

저는 IT 부서에 있습니다.

Jag är på den juridiska avdelningen
Jeo-neun beop-mu bu-seo-e it-seum-ni-da

저는 법무 부서에 있습니다.

Jag är på marknadsavdelningen
Jeo-neun ma-ke-ting bu-seo-e it-seum-ni-da

저는 마케팅 부서에 있습니다.

Jag lämnar tidigt eftersom jag inte mår bra

저는 몸이 좋지 않아서 일찍 떠납니다.

Jeo-neun mom-i joh-ji anh-a-seo il-jjik tteo-nab-ni-da

Jag somnade
Jeo-neun jam-deul-eoss-seum-ni-da

저는 잠들었습니다.

Jag fick ett jobb erbjudande någon annanstans

저는 다른 곳에서 일자리 제안을 받았습니다.

Jeo-neun da-reun got-e-seo il-ja-ri je-an-eul bat-ass-seum-ni-da

Jag hoppas att jag kommer att lära mig mycket.

저는 많은 것을 배울 수 있기를 바랍니다.

Jeo-neun manh-eun geos-eul bae-ul su it-gil ba-ra-bnida

Jag har precis börjat.
Jeo-neun bang-geum si-jak-haess-seum-ni-da

저는 방금 시작했습니다.

Jag fick löneförhöjning.
Jeo-neun geup-yeo in-sang-eul bat-ass-seum-ni-da

저는 급여 인상을 받았습니다.

Jag har fortfarande inte fått min lön.
Jeo-neun ajik geup-yeo-reul bat-ji mot-haess-seum-ni-da

저는 아직 급여를 받지 못했습니다.

Jag arbetar heltid.
Jeo-neun pul-ta-im-eu-ro il-ham-ni-da

저는 풀타임으로 일합니다.

Jag jobbar deltid.
Jeo-neun pa-teu-ta-im-eu-ro il-ham-ni-da

저는 파트타임으로 일합니다.

Jag avslutar det hemma.
Jeo-neun jip-e-seo ma-mu-ri-hal geo-ye-yo

저는 집에서 마무리할 것입니다.

Jag kommer att arbeta hemifrån.
Jeo-neun jae-taek-geun-mu-reul hal geo-ye-yo

저는 재택근무를 할 것입니다.

Jag är nyanställd.
Jeo-neun sin-ip sa-won-im-ni-da

저는 신입 사원입니다.

Jag är praktikant.
Jeo-neun in-teon-im-ni-da

저는 인턴입니다.

Jag kommer att säga upp mig.
Jeo-neun sa-jig-hal geo-ye-yo

저는 사직할 것입니다.

Jag går nu.
Jeo-neun i-je gab-ni-da

저는 이제 갑니다.

Det måste slutföras idag.
O-neul ban-deu-si wan-ryo-hae-ya ham-ni-da

오늘 반드시 완료해야 합니다.

Det är en affärskostnad.
Bi-jeu-ne-seu bi-yong-im-ni-da

비즈니스 비용입니다.

Det kommer att finnas med i din medarbetarutvärdering.

당신의 직원 평가에 포함될 것입니다.

Dang-sin-ui jig-won pyeong-ga-e poham-doel geo-ye-yo

Det är ett mycket viktigt möte.
Mae-u jung-yo-han hoe-ui-im-ni-da

매우 중요한 회의입니다.

Jobb
Jik-eop

직업

---

jobbintervju
Myeon-jeop

면접

---

journalist
Gi-ja

기자

---

arbetare
Geun-ro-ja

근로자

---

advokat
Byeon-ho-sa

변호사

Låt oss göra oss redo för presentationen.

프레젠테이션을 준비합시다.

Peu-re-jen-te-i-syeon-eul jun-bi-hap-si-da

Låt oss ta en kort paus. Jam-kkan hyu-sik-eul chi-ha-bnida	잠깐 휴식을 취합시다.
mekaniker Gi-gae-gong	기계공
möte Hoe-ui	회의
månadslön Wol-geup	월급
barnflicka Yu-mo	유모
sjuksköterska Gan-ho-sa	간호사
kontor Sa-mu-sil	사무실
kontorsanställd Sa-mu-jik jig-won	사무직 직원
Vår chef är öppen U-ri sa-jang-eun gae-bang-jeog-im-ni-da	우리 사장은 개방적입니다.
Vår chef är kräsen U-ri sa-jang-eun kka-da-rop-seum-ni-da	우리 사장은 까다롭습니다.
apotekare Yak-sa	약사
fotograf Sa-jin-jag-ga	사진작가
pilot Pai-lot	파일럿
Vänligen godkänn begäran. Yo-cheong-eul eu-seung-hae joo-se-yo	요청을 승인해 주시기 바랍니다.
Vänligen gör det snabbt. Sin-sok-ha-ge cheo-ri-hae joo-se-yo	신속하게 처리해 주시기 바랍니다.

Vänligen ge mig aktivitetsrapporten.　　　활동 보고서를 저에게 주시기 바랍니다.
Hwal-dong bo-go-seo-reul jeo-e-ge joo-se-yo

Vänligen gör kopior till alla.　　　모두에게 복사본을 만들어 주시기 바랍니다.
Mo-du-e-ge bok-sa-bo-neul man-deul-eo joo-se-yo

Vänligen rapportera det till chefen.　　　그것을 사장에게 보고해 주시기 바랍니다.
Geu-geos-eul sa-jang-e-ge bo-go-hae joo-se-yo

Vänligen underteckna kontraktet.　　　계약서에 서명해 주시기 바랍니다.
Gye-yak-seo-e seo-myeong-hae joo-se-yo

rörmokare　　　배관공
Bae-gwang-gong

polis　　　경찰
Gyeong-chal

professor　　　교수
Gyo-su

programmerare　　　프로그래머
Peu-ro-geu-rae-meo

reparatör　　　수리공
Su-ri-gong

forskare　　　연구원
Yeon-gu-won

pensionär　　　퇴직자
Toe-jig-ja

vetenskapsman　　　과학자
Gwa-hak-ja

sekreterare　　　비서
Bi-seo

Skicka det till mig via e-post, tack.　　　이메일로 보내주세요, 감사합니다.
I-me-il-eu-ro bo-nae-joo-se-yo, gam-sa-ham-ni-da

Hon är inte här idag.　　　그녀는 오늘 여기 없습니다.
Geu-nyeo-neun o-neul yeo-gi eobs-eo-yo

sångare Ga-su	가수
soldat Gun-in	군인
butiksbiträde Sang-jeom jig-won	상점 직원
student Hak-saeng	학생
Kostym Jeong-jang	정장
Ta det lugnt Cheon-cheon-hi ha-se-yo	천천히 하세요
taxichaufför Taek-si gi-sa	택시 기사
lärare Gyo-sa	교사
tekniker Gi-su-ja	기술자
Så gör vi här Yeo-gi-seo i-reoh-ge ham-ni-da	여기서 이렇게 합니다
Klädkod är business casual Bok-jang gyu-jeong-eun bi-jeu-ne-seu kae-syoo-jeol-im-ni-da	복장 규정은 비즈니스 캐주얼입니다
Det finns många projekt Peu-ro-je-kteu-ga manh-seum-ni-da	프로젝트가 많습니다
Det är ett företagsmöte Gi-eop hoe-ui-im-ni-da	기업 회의입니다
Det finns mycket arbete Il-i manh-seum-ni-da	일이 많습니다
Det finns inte mycket arbete Il-i manh-ji anh-seum-ni-da	일이 많지 않습니다

Det här är mitt visitkort
I-geos-eun je myeong-ham-im-ni-da

이것은 제 명함입니다

I morgon är det helgdag
Nae-il-eun gong-hyu-il-im-ni-da

내일은 공휴일입니다

Pröva att prata med personalavdelningen

In-sa-bu-wa i-ya-gi-hae bo-se-yo

인사부와 이야기해 보세요

veterinär
Su-i-sa

수의사

vad arbetar du med?
Mu-seun il-eul ha-go iss-seum-ni-kka?

무슨 일을 하고 있습니까?

När är det lunch?
Jeom-sim-eun eol-ma-yeo?

점심은 언제입니까?

Var är mitt skrivbord?
Nae chaek-sang-eun eo-di-in-ga-yo?

내 책상은 어디에 있습니까?

Var är mitt kontor?
Nae sa-mu-sil-eun eo-di-in-ga-yo?

내 사무실은 어디에 있습니까?

Var är cafeterian?
Ka-pe-te-ri-a-neun eo-di-in-ga-yo?

카페테리아는 어디에 있습니까?

Var är kaffebaren?
Keo-pi ba-neun eo-di-in-ga-yo?

커피 바는 어디에 있습니까?

Vem ska jag fråga?
Nu-gu-e-ge mul-eo-bwa-ya ham-ni-kka?

누구에게 물어봐야 합니까?

Varför slutar du inte jobbet?
Wae il-eul geu-man-chwi anh-na-yo?

왜 일을 그만두지 않습니까?

arbetsplats
Jik-jang

직장

författare/författare
Jak-ga / Jeo-chu

작가/저자

Polisstation

경찰서   Na-reul hyup-bak-ha-ni?

Hotar du mig?
Jeon-hwa-hal sa-ram-i it-ni?

나를 협박하니?

Har du någon vi kan ringa?
Geu-neun geom-eun meo-ri-da

전화할 사람이 있니?

Han har svart hår
Geu-neun gal-saek meo-ri-da

그는 검은 머리다

Han har brunt hår
Geu-neun geum-bal-i-da

그는 갈색 머리다

Han har ljust hår
Geu-neun do-mang-chyeot-da

그는 금발이다

Han sprang iväg
Geu-ga na-reul ssot-da

그는 도망쳤다

Han sköt mig
Geu-ga na-e-ge-seo hum-chyeot-da

그가 나를 쐈다

Han stal från mig
Kuga na-e-ge-så humtjåtta

그가 나에게서 훔쳤다

Han hotade mig
Kuga narül hjöppbakhetta

그가 나를 협박했다

Han försökte stjäla min plånbok
Kuga nä tjigabül humtjiryå hetta

그가 내 지갑을 훔치려 했다

Hur mycket pengar togs?
Olmana manün doni donandanghenni?

얼마나 많은 돈이 도난당했니?

Jag säger sanningen
Nanün tjinschilül malhågo itta

나는 진실을 말하고 있다

Jag fångade henne på bar gärning
Nanün künjårül hjönjang-eso buttjåbatta

나는 그녀를 현장에서 붙잡았다

Jag fångade honom på bar gärning
Nanün kürül hjönjang-eso buttjåbatta

나는 그를 현장에서 붙잡았다

Jag kommer inte ihåg
Nanün kiågi naji annunda

나는 기억이 나지 않는다

Jag vill inte anmäla
Nanün shingo hago shipji anta

나는 신고하고 싶지 않다

Jag blev överfallen
Nanün konggjak danghetta

나는 공격당했다

Jag fick min ficka tjuvstulen
Nä jumo-ni-eso dodukmatta

내 주머니에서 도둑맞았다

Jag blev rånad
Nanün kangdore danghetta

나는 강도를 당했다

Jag behöver hjälp
Nanün do-omi piryåhadda

나는 도움이 필요하다

Jag spelade in det
Nanün kugåsül nogümhetta

나는 그것을 녹음했다

Jag såg det
Nanün kugåsül båatta

나는 그것을 보았다

Jag vill anmäla
Nanün shingo hago shipta

나는 신고하고 싶다

Jag kommer att rapportera dig till polisen

나는 너를 경찰에 신고할 것이다

Nanün nörül kjongtare shingo-hal koshida

Låt oss gå till polisstationen
Kjongtjal-så-e gaja

경찰서에 가자

Min ficka blev tjuvstulen
Nä jumo-ni-ga dodukmatta

내 주머니가 도둑맞았다

Min väska blev stulen
Nä kabangi donandanghetta

내 가방이 도난당했다

Min plånbok blev stulen
Nä kabangi donandanghetta

내 지갑이 도난당했다

Vänligen ring polisen
Nä tjigabi donandanghetta

제발 경찰에 전화해 주세요

Vänligen fyll i rapporten
Tjebal kjongtare tjönhwa-he tjusejo

제발 보고서를 작성해 주세요

Vänligen kom hit snabbt
Tjebal bogosårül jakssång-he tjusejo

제발 빨리 와 주세요

Vänligen ge mig den exakta platsen
Tjebal ppalli wa tjusejo

제발 정확한 위치를 알려 주세요

Vänligen hjälp MIG
Tjebal tjånghåkan witchirül alljö tjusejo

제발 나를 도와 주세요

Hon sprang iväg
Tjebal narül doa tjusejo

그녀는 도망쳤다

Hon sköt mig
Künjö-nün domangtjåtta

그녀가 나를 쐈다

Hon stal från mig
Künjö-ga narül swatta

그녀가 나에게서 훔쳤다

Hon hotade mig
Künjö-ga na-e-ge-så humtjåtta

그녀가 나를 협박했다

Hon försökte stjäla min plånbok
Künjö-ga narül hjöppbakhetta

그녀가 내 지갑을 훔치려 했다

Det är personen där borta
tjågi innön saram-iya

저기 있는 사람이야

Den personen ljuger
gö saram-ün kåjitmal-ül hago itta

그 사람은 거짓말을 하고 있다

Detta är beviset
igåshi djunggöda

이것이 증거다

Denna man överföll mig
i namdjaga narül ånggjäkhätta

이 남자가 나를 공격했다

Vi är i fara
urinün wihåmä tjohe itta

우리는 위험에 처해 있다

Vi kommer att kontakta dig om vi har information till dig

우리는 당신에게 정보를 제공할 수 있을 때 연락드리겠습니다

urinün tangshinege djåhngbår-ül djejåg-halsu iss-ülttae jållak-törigessumnida

Vi kommer att kontakta dig om vi behöver mer information

우리는 당신에게 더 많은 정보가 필요할 때 연락드리겠습니다

urinün tangshinege då måhnün djåhngbå-ga piryohalttae jållak-törigessumnida

Vi kommer att titta på det
urinün gögås-ül salpjåbålgöss-sumnida

우리는 그것을 살펴볼 것입니다

Hur ser han ut?
gönün åttåke sänggötnayo?

그는 어떻게 생겼나요?

Vad fanns i din väska?
tangshin-e kabang-enün muåshi issåtnayo?

당신의 가방에는 무엇이 있었나요?

När hände det?
unje ilånnåtnayo?

언제 일어났나요?

Var hände detta?
igås-ün ådi-eso ilånnåtnayo?

이것은 어디에서 일어났나요?

Vänskap

우정   Ujong

Vem som helst kan göra ett misstag
Nuguna shilsurül hal su isså

누구나 실수를 할 수 있어

Hälsa på
Insahä

인사해

Var inte nedslagen
Naktam haji ma

낙담하지 마

Glöm inte mitt råd
Nae joän-ül itji ma

내 조언을 잊지 마

Oroa dig inte
Kåktsjång haji ma

걱정하지 마

Vän
Tjingu

친구

Vänskap
Ujong

우정

Jag skickar dig goda vibbar
Nanün nåege jo-ün kiun-ül bonälge

나는 너에게 좋은 기운을 보낼게

Jag vet att du kommer att göra rätt
Någa orhun irül hal kåranün gål ara

너가 옳은 일을 할 거라는 걸 알아

Jag skulle ha gjort det på det sättet också
Nado küråke hässül kåya

나도 그렇게 했을 거야

Jag hjälper dig när du behöver det
Någa piryohal ttä dowajulge

너가 필요할 때 도와줄게

Jag säger det som en vän
Nanün tjinguråså malhanün gåya

나는 친구로서 말하는 거야

Det var bara inte din dag
Kugån danji nåe nari anijåsså

그건 단지 너의 날이 아니었어

Det blir bättre nästa gång Ta-üm bån-enen dö naajil kåråya	다음 번에는 더 나아질 거야
Håll upp hakan Kogäre dulgå iså	고개를 들고 있어
Låt oss gå och ta en drink Uri kaså han djan haja	우리 가서 한 잔 하자
Låt oss försöka tillsammans Hamkke hebodja	함께 해보자
Ingen bryr sig Amudo shinggjång ssuji ana	아무도 신경 쓰지 않아
Det finns fortfarande en chans Ajik kihoega isså	아직 기회가 있어
Vi tror på dig Urinen nørül mido	우리는 너를 믿어
Vad du än behöver Någa piryohan gån muåshidön	너가 필요한 건 무엇이든
Du är verkligen cool Nånen tjålmö måtjå	너는 정말 멋져
Du kan göra bättre nästa gång Ta-üm bån-enen dö tjalhal su isså	다음 번에는 더 잘할 수 있어
Du gjorde ditt bästa Nånen tjöjsån-ül tahässå	너는 최선을 다했어
Du gjorde inget fel Nånen tjalmåthan ge åpså	너는 잘못한 게 없어
Du behöver inte oroa dig Kåktsjånghal piryå åpså	걱정할 필요 없어
Du har en vän i mig Nånen naege tjinguga isså	너는 나에게 친구가 있어
Du måste se den stora bilden Kün krigmür-ül båya hä	큰 그림을 봐야 해

Dejting

데이트   Deiteu

Är du den rätte?
Tangshini gø saram-inga-yo?

당신이 그 사람인가요?

Är du fru rätt?
Tangshini man-nün saram-inga-yo?

당신이 맞는 사람인가요?

Träffar du någon?
Nugungar-ül manna-go innayo?

누군가를 만나고 있나요?

Kan vi ta en selfie?
Selka-rül jjigeul su iss-ølkkayo?

셀카를 찍을 수 있을까요?

Kan du ta en bild av oss snälla
Uri-ø satjin-ül jjigeo-jul su iss-ølkayo?

우리의 사진을 찍어줄 수 있나요?

Har du en pojkvän?
Namdjatjingu-ga innayo?

남자친구가 있나요?

Har du en flickvän?
Jødjatjingu-ga innayo?

여자친구가 있나요?

Hur många år har du varit gift?
Gyøronhan ji myøt nyøn doëssnayo?

결혼한 지 몇 년 되었나요?

Hur många år har ni varit tillsammans?
Hamkkehan ji myøt nyøn doëssnayo?

함께한 지 몇 년 되었나요?

Jag är förlovad
Jønøn yak-honhæss-øyo.

저는 약혼했어요.

Jag är gift
Jønøn gyøronhæss-øyo.

저는 결혼했어요.

Jag är singel
Jønøn sing-gøl-ieyo.

저는 싱글이에요.

Jag uppskattar tanken
Gø saeng-gagi goma-wo-yo.

그 생각이 고마워요.

Jag blev kär i dig
Tangshinäge sarang-e ppajyøss-øyo.

당신에게 사랑에 빠졌어요.

Jag hoppas att du gillar det
Tangshini joahagil barae-yo.

당신이 좋아하길 바래요.

Jag hoppas att du älskar det
Tangshini saranghagil barae-yo.

당신이 사랑하길 바래요.

Jag vet ett bra hål-i-väggen-ställe
Jo-øn sumøn matjib-øl arayo.

좋은 숨은 맛집을 알아요.

Jag vet ett bra ställe att äta på
Massitgæ møk-ølgos-øl arayo.

맛있게 먹을 곳을 알아요.

Jag älskar dig
Saranghæyo.

사랑해요.

Jag tycker att vi ska sluta träffas
Urinøn mannam-øl kündæya handago saeng-gaghae-yo.

우리는 만남을 끝내야 한다고 생각해요.

Jag vill att det här ögonblicket ska vara för evigt
I sun-gan-i yøng-wøn-hagil barae-yo.

이 순간이 영원하길 바래요.

Jag vill dejta dig
Tangshigwa deiteu-hago ship-øyo.

당신과 데이트하고 싶어요.

Jag vill ta med dig på en dejt
Tangshin-øl deiteue chodæhago ship-øyo.

당신을 데이트에 초대하고 싶어요.

Jag kommer alltid att älska dig
Nanøn hangsang tangshin-øl saranghal-gø-eyo.

나는 항상 당신을 사랑할 거예요.

Jag skulle vilja veta mer om dig
Tangshine dæhæ dø algo ship-øyo.

당신에 대해 더 알고 싶어요.

Jag tar med dig hem i kväll
Onøl bam tangshin-øl jib-e derøgalgeyo.

오늘 밤 당신을 집에 데려갈게요.

Det är tanken som räknas
Saeng-gagi jung-yohae-yo.

생각이 중요해요.

Det var kärlek vid första ögonkastet
Chøtnun-e banhæss-øyo.

첫눈에 반했어요.

Nu kör vi holländskt
Ije nedøllandeusig-øro gamshida.

이제 네덜란드식으로 갑시다.

Låt oss gå på en dejt
Deiteuharø gayo.

데이트하러 가요.

Får jag hålla din hand?
Næ son-øl jab-ado dwelkkayo?

내 손을 잡아도 될까요?

Nej, det är jag inte.
Aniyo, jønøn grøtjianayo.

아니요, 저는 그렇지 않아요.

Nej, jag betalar notan.
Aniyo, jegæ gyesanhalkke-yo.

아니요, 제가 계산할게요.

Snälla, ring mig inte mer
Jebal dø isang jønhwa-haji maseyo.

제발 더 이상 전화하지 마세요.

Vänligen skicka inte e-post till mig längre
Dø isang imeil bonæji maseyo.

더 이상 이메일 보내지 마세요.

Snälla, sms:a mig inte mer
Jebal dø isang muntja-haji maseyo.

제발 더 이상 문자하지 마세요.

Dröm sött
Dalkomhan ggum kkuseyo.

달콤한 꿈 꾸세요.

Idag är det vår bröllopsdag
Onøl-øn uri-ø gyøron-ginyomir-ieyo.

오늘은 우리의 결혼기념일이에요.

Vi har vuxit ifrån varandra
Urinen søro mørøjyeoss-øyo.

우리는 서로 멀어졌어요.

Vad gör du i helgen?
Jumal-e mwo hal gøngayo?

주말에 뭐 할 건가요?

Vad ska du göra i morgon?
Næil mwo hal gøngayo?

내일 뭐 할 건가요?

Vad är din e-postadress?
Tangshine imeil juruso-nøn mwøsingayo?

당신의 이메일 주소는 무엇인가요?

Vad är ditt telefonnummer? Tangshine jønhwanømbø-nøn mwøsingayo?	당신의 전화번호는 무엇인가요?
Kommer du att äta middag med mig? Jøwa jønøng-øl møk-øl gøngayo?	저와 저녁을 먹을 건가요?
Kommer du att gå ut med mig? Jøwa deiteuhal gøngayo?	저와 데이트할 건가요?
Ja, jag har en pojkvän Ne, namdjatjingu-ga iss-øyo.	네, 남자친구가 있어요.
Ja, jag har en flickvän Ne, jødjatjingu-ga iss-øyo.	네, 여자친구가 있어요.
Du är stilig Tangshin-øn møttj-øyo.	당신은 멋져요.
Du är het Tangshin-øn seksihae-yo.	당신은 섹시해요.
Du är söt Tangshin-øn gwiyø-wo-yo.	당신은 귀여워요.
Du betyder mycket för mig Tangshin-øn jø-ege manh-øn uimi-ga iss-øyo.	당신은 저에게 많은 의미가 있어요.
Du kommer att älska det Tangshin-øn gød-øl saranghal-gø-eyo.	당신은 그것을 사랑할 거예요.
Du är inte min typ Tangshin-øn je taib-i anieyo.	당신은 제 타입이 아니에요.

Matlagning

요리　　　Jori

bröd
Ppang
빵

frukost
Achim-siksa
아침식사

tårta
Keikeu
케이크

dessert
Dijøteu
디저트

middag
Jønyøk
저녁

rätter
Jori
요리

fisk
Saengsøn
생선

gaffel
Porkeu
포크

Jag kan laga middag
Jønyøg-øl mandøl su iss-øyo
저녁을 만들 수 있어요

Jag gillar att baka
Nanøn gupnøn gøs-øl joahae-yo
나는 굽는 것을 좋아해요

Jag gillar att laga mat
Nanøn jorihaneun gøs-øl joahae-yo
나는 요리하는 것을 좋아해요

Jag ska diska
Nanøn sølgøjireul hal gø-eyo
나는 설거지를 할 거예요

glass
Aiseukeurim
아이스크림

kniv Kal	칼
lunch Jømsim	점심
måltid Siksa	식사
kött Gogi	고기
mikrovågsugn Jønjamaraeinji	전자레인지
ugn Obøn	오븐
kastrull Næmpi	냄비
paj Pai	파이
gryta Næmpi	냄비
stekpanna Pøraipæn	프라이팬
mellanmål Gansik	간식
sked Sudgarak	숟가락
spis Gasøreinji	가스레인지
redskap Dogu	도구

Djur

동물   Dongmul

Alpine Ibex
Alpeuseu aibæks
알프스 아이벡스

Amur Leopard
Amur pyobøm
아무르 표범

myra
Mira
미라

asiatisk svartbjörn
Asia høk-gom
아시아 흑곰

uroxe
Uroks
우로크스

grävling
Osori
오소리

björn
Gom
곰

bi
Bøl
벌

tvåfärgad näbbmus
Dusæk jwi
두색 쥐

fågel
Sæ
새

fågel
Sæ
새

tjur
Suso
수소

fjäril
Nabi
나비

katt Goyangi	고양이
Chamois Syamoi	샤모이
gepard Chita	치타
schimpans Chimpanji	침팬지
Vanlig minkval Ilban mingkeu-goere	일반 밍크고래
ko So	소
krabba Ge	게
krokodil Ago	악어
hjort Sasøm	사슴
hund Gæ	개
delfin Dolgorae	돌고래
anka Ori	오리
örn Doksuri	독수리
ål Jang-ø	장어
elefant Kokkiri	코끼리

europeisk grävling Yurob nø-guri	유럽 너구리
Europeisk tallmård Yurob sonamu jokje-bi	유럽 소나무 족제비
Europeisk vildkatt Yurob yasaeng goyangi	유럽 야생 고양이
Brandsalamander Hwaje dorongnyong	화재 도롱뇽
Fisk Mul-gogi	물고기
Räv Yø-u	여우
groda Gaeguri	개구리
giraff Girin	기린
get Yømtso	염소
gås Gøwi	거위
gorilla Gorilla	고릴라
Stor hästskofladdermus Sutori malgub-bakjwi	스토리 말굽박쥐
Grön havssköldpadda Noksaek badagøbuk	녹색 바다거북
marsvin Gini-pig	기니피그
hamster Haemseuteo	햄스터

flodhäst Hama	하마
häst Mal	말
Jeju-salamander Jejudo dorongnyong	제주도 도롱뇽
känguru Kaeng-goru	캥거루
koreansk goral Hanguk goral	한국 고랄
koreansk salamander Hanguk dorongnyong	한국 도롱뇽
kori-salamander Kori dorongnyong	코리 도롱뇽
havslädersköldpadda Bada gajuk gøbuk	바다 가죽 거북
leopard Pyobøm	표범
lejon Saja	사자
smådopping Jageun jamjari	작은 잠자리
ödla Domæbæm	도마뱀
havssköldpadda Bada gøbuk	바다 거북
långsvansad goral Ginkkori goral	긴꼬리 고랄
lodjur Sak	삵

manchurisk sikahjort Manju sasøm	만주 사슴
manchurisk wapiti Manju elkeu	만주 엘크
apa Wønsungi	원숭이
bläckfisk Ojingo	오징어
stillahavslom Tæpyeong-yang jamjari	태평양 잠자리
panda Panda	판다
papegoja ængmusæ	앵무새
pingvin Peng-gwin	펭귄
husdjur æwandommul	애완동물
gris Dwaeji	돼지
duva Bidulgi	비둘기
isbjörn Bukgeuk-gom	북극곰
valp Gangaji	강아지
kanin Tokki	토끼
Rödräv Bulgeun yø-u	붉은 여우

Rödhalsad doppingar Bulgeunmok multtesæ	붉은목물떼새
Smålom Jageun jamsu-ø	작은잠수어
noshörning Koppulso	코뿔소
haj Sang-ø	상어
får Yang	양
kortstjärtad albatross Jjalbunkkori albatroseu	짧은꼬리 알바트로스
sibirisk myskhjort Siberia sasøm	시베리아 사슴
sibirisk rådjur Siberia noru	시베리아 노루
orm Bæm	뱀
spindel Gømi	거미
bläckfisk Ojingo	오징어
ekorre Daramswi	다람쥐
tiger Horangi	호랑이
kalkon Chilmyeonjo	칠면조
sköldpadda Gøbuki	거북이

vattenhjort Mul-sasøm	물사슴
val Goere	고래
vildsvin Metdwaeji	멧돼지
Varg Neukdae	늑대
zebra øllukmal	얼룩말

Kalender

달력   Tall-jåk

Måndag Wårr-jo-il	월요일
Tisdag Hwa-jo-il	화요일
Onsdag So-jo-il	수요일
Torsdag Måhg-jo-il	목요일
Fredag Küm-jo-il	금요일
Lördag Tå-jo-il	토요일
Söndag Ir-jo-il	일요일
Januari Wårr	월
Februari I-wårr	2 월
Mars Sam-wårr	3 월
April Sa-wårr	4 월
Maj O-wårr	5 월
Juni Ju-wårr	6 월

Juli Chil-wårr	7 월
Augusti Pal-wårr	8 월
September Gu-wårr	9 월
Oktober Shi-wårr	10 월
November Shi-bil-wårr	11 월
December Shi-bi-wårr	12 월

Mat

매트   Mä-tö

Nötkött So-go-gi	소고기
Öl Mäck-dju	맥주
Dryck Um-ryo	음료
Flaska Byång	병
Skål Kö-röt	그릇
Frukost A-chim-shik-sa	아침식사
Pretzel Pö-rä-tsäll	프레첼
Bröd och bullar Ppang-gwa rol	빵과 롤
Kyckling Talk-go-gi	닭고기
Cider Sa-i-da	사이다
Cola Khol-la	콜라
Kalla nudlar Cha-ga-un guk-su	차가운 국수
Currywurst Kö-ri-bu-rus-tö	커리부르스트

Skärbräda
Do-ma

도마

Dumplings
Man-du

만두

Gryta
Sü-tyu

스튜

Fishcaske
Säng-sån-ke-i-kö

생선케이크

Stekt ris
Bo-gum-bap

볶음밥

Varma nudlar
Tta-ttöt-han guk-su

따뜻한 국수

Potatispannkakor och stekt potatis 감자 팬케이크와 튀긴 감자
Gam-ja pän-ke-i-kö-wa twi-gin gam-ja

Ostspätzle
Chi-jö sü-pä-chu-lä

치즈 스페츌레

Kimchi
Kim-chi

김치

Lunch
Jöm-shim

점심

Måltid
Shik-sa

식사

Kött
Go-gi

고기

Mjölk
U-yu

우유

Nudlar
Guk-su

국수

Pannkaka
Pän-ke-i-kö

팬케이크

Tallrik Chöp-shi	접시
Fläskkött Twe-ji-go-gi	돼지고기
Ris Bap	밥
Rullader Rol	롤
Sauerbraten Sa-u-ö-bu-ra-ten	사우어브라텐
Schnitzel Syu-ni-tsel	슈니첼
Schwarzwälder Kirschtorte Höng-rim chä-ri ke-i-kö	흑림 체리 케이크
Skaldjur Hä-san-mul	해산물
Tillbehör Ban-chan	반찬
Snacks Kan-shik	간식
Bord Te-i-böl	테이블
Vatten Mul	물

Frukt och grönsaker

과일과 채소   Kwa-il-gwa chè-so

Mandel
A-mon-dö
아몬드

Äpple
Sa-gwa
사과

Avokado
A-bo-ka-do
아보카도

Banan
Ba-na-na
바나나

Morot
Tang-gun
당근

Selleri
Säll-lö-ri
셀러리

Körsbär
Chä-ri
체리

Majs
Ok-su-su
옥수수

Drakfrukt
Yong-gwa
용과

Durian
Tu-ri-an
두리안

Vitlök
Ma-nil
마늘

Grapefrukt
Cha-mong
자몽

Druvor
Po-do
포도

Gröna bönor Gur-rin-bin	그린빈
Jujube Chu-chu-be	주주베
Kiwi Ki-wi	키위
Kumquat Kum-gyul	금귤
Purjolök Pa	파
Citron Re-mon	레몬
Sallad Säll-lö-dö	샐러드
Lime Ra-im	라임
Mango Mang-go	망고
Svamp Bo-söt	버섯
Nötter Gyön-gwa-ryu	견과류
Oliv Ol-li-bö	올리브
Lök Yang-pa	양파
Apelsin O-ren-ji	오렌지
Potatis Gam-ja	감자

Persika Pok-su-nga	복숭아
Jordnötter Ttang-kong	땅콩
Päron Bä	배
Ärtor Wan-du-kong	완두콩
Ananas Pa-in-ae-pöl	파인애플
Plommon Cha-du	자두
Pumpa Ho-bak	호박
Rädisa Mu	무
Jordgubbe Ttal-gi	딸기
Vattenmelon Su-bak	수박

Resa

레사　　　Re-sa

boende Kö-ju-ji	거주지	
flygplan Pi-häng-gi	비행기	
flygplats Kong-hang	공항	
bagage Su-ha-mul	수하물	
strand Hä-bjön	해변	
bro Da-ri	다리	
buss Bös-sö	버스	
busstation Bös-sö djöng-lyu-jang	버스 정류장	
busshållplats Bös-sö djöng-cha-jang	버스 정차장	
stängningstid Ma-gam shi-gan	마감 시간	
främmande land Ö-guk	외국	
fyr Düng-de	등대	
lokal resa Ji-jök jo-häng	지역 여행	

karta Ji-do	지도
berg San	산
öppettid Un-jöng shi-gan	운영 시간
utlandsresa Hä-ö jo-häng	해외여행
pass Pä-sö	패스
station Jök	역
tunnelbana Ji-ha-chöl	지하철
taxi Täck-shi	택시
biljett Ti-kett	티켓
reseledare Jo-häng ga-i-dö	여행 가이드

Kropp

신체   shintje

ankel balmok	발목	
arm pal	팔	
rygg dung	등	
blod hjöl-ek	혈액	
ben ppjö	뼈	
Kalv kalbü	칼브	
kind djong	종	
bröst kasöm	가슴	
haka tåk	턱	
nyckelben swego:l	쇄골	
smilehåla misohål	미소홀	
öra gwi	귀	
örsnibb gwi-bul	귓불	

armbåge palkkumtji	팔꿈치
öga nun	눈
ögonbryn nunsöp	눈썹
ansikte ål-gul	얼굴
ansiktshår ål-gultål	얼굴털
finger sonkarak	손가락
nagel sontop	손톱
knytnäve tjumo:k	주먹
fot bal	발
panna ima	이마
fräknar tjugenkä	주근깨
hår mari	머리
hand son	손
huvud mari	머리
hjärta shimjang	심장

häl balkkumtji	발꿈치
pekfinger chipgesonkarak	집게손가락
knä murup	무릎
ben dari	다리
läppar ipsul	입술
långfinger djungji	중지
mustasch kåttsujöm	콧수염
mun ip	입
muskel könjuk	근육
navel päkkop	배꼽
hals mok	목
näsa kå	코
handflata sonbadak	손바닥
finne son	손
lillfinger jakji	약지

ringfinger djungji	중지
axel ömji	엄지
hud palkkumtji	팔꿈치
sula balbadak	발바닥
fläck banjöm	반점
mage pä	배
lår håböktji	허벅지
hals mok	목
tumme ömjisonkarak	엄지손가락
tå bal	발
tånagel baltop	발톱
tunga hjå	혀
Tänder tjia	치아
Tand i	이
midja håri	허리

Tack

Tack än en gång för att du valde min bok!

Du är nu på god väg att lära dig över 1 650 ord och fraser på koreanska, och vi hoppas att du har haft glädje av vår vokabulärarbetsbok i hangul för nybörjare.

Om du har tyckt om att lära dig koreanska med oss skulle vi gärna vilja höra om dina framsteg i en recension.

Vi är alltid intresserade av att få veta om det finns något vi kan göra för att förbättra våra böcker för framtida studenter. Vi strävar efter att erbjuda det bästa innehållet för språkinlärning! Kontakta oss gärna via e-post om du har haft problem med något av innehållet i denna bok:

hello@polyscholar.com

Besök www.polyscholar.com för att skaffa min första bok *Lär dig koreanska för nybörjare* och våra andra språkböcker.

Titta var du köpte den här boken för Jennies första bok Lär dig Koreanska - Språkarbetsboken för nybörjare som fokuserar på grammatik och penseldrag i Hangul.

Vi hoppas att du tyckte om att lära dig koreanska ord och fraser. Har du ett svenskt eller koreanskt talesätt som du skulle vilja ha på en tröja, mugg eller annan merchandise? Vi kan ordna det åt dig. Vänligen maila oss på hello@polyscholar.com och berätta vad talesättet är och vilken typ av merchandise du vill ha det på. Vi fixar det åt dig och skickar en länk till dig.

hello@polyscholar.com

Vill du jobba på din koreanska grammatik och penseldragsordning? Jennie har en bästsäljande bok som fokuserar på just det. Besök https://www.amazon.se/dp/1957884495 eller skanna QR-koden för att kolla in den på Amazon eller sök efter den var som helst där böcker säljs.

https://www.amazon.se/dp/1957884495

Vill du jobba på din koreanska grammatik och penseldragsordning? Jennie har en bästsäljande bok som fokuserar på just det. Besök https://www.amazon.co.uk/dp/1957884495 eller skanna QR-koden för att kolla in den på Amazon eller sök efter den var som helst där böcker säljs.

https://www.amazon.co.uk/dp/1957884495

TACK